BILLARD-STÖCKE, BIER-FLASCHEN & BASEBALL-SCHLÄGER

Neuauflage

Marc "Animal" MacYoung

BILLARD-STÖCKE, BIER-FLASCHEN & BASEBALL-SCHLÄGER

Animal's Handbuch der improvisierten Waffen für Selbstverteidigung und Überleben

Neuauflage

Michael-Kahnert-Verlag

Weitere Bücher von Marc „Animal“ MacYoung:
- *Billige Tricks, Hinterhalte und andere Lektionen* (ISBN 3-933253-06-3)
- *Messer, Messerkämpfe und ähnliche Zwischenfälle* (ISBN 3-933253-07-1)
- *Fäuste, Grips und eine knackige Rechte* (ISBN 3-933253-09-8)
- *Gewalt, Schnitzer und gebrochene Kiefer* (ISBN 3-933253-10-1)

Die Deutsche Bibliothek - CIP-Einheitsaufnahme

MacYoung, Marc:
Billardstöcke, Bierflaschen & Baseball-Schläger : Animal‘s Handbuch der improvisierten Waffen für Selbstverteidigung und Überleben / Marc ”Animal“ MacYoung. [Übers.: Michael Kahnert]. - Neuaufl.. - Buchholz : Kahnert, 2001
Einheitssacht.: Pool cues, beer bottles, and baseball bats <dt.>
ISBN 3-933253-08-X

Titel der amerikanischen Originalausgabe:
Pool Cues, Beer Bottles, and Baseball Bats:
Animal's Guide to Improvised Weapons for Self-Defense and Survival
by Marc ”Animal“ MacYoung

Übersetzung: Michael Kahnert

Printed in Germany

ISBN 3-933253-08-X. neubearb. Auflage
(ISBN 3-933253-03-9 Erstausgabe, 1998)

Michael-Kahnert-Verlag
Im Waldfrieden 2
D-21244 Buchholz

Fax: (+49) 04181/37458
E-mail: kahnert@yahoo.com
Internet: http://www.angelfire.com/de/kahnert

Für Verbesserungsvorschläge und Hinweise auf Fehler sind Autor und Verlag stets dankbar.

WIDMUNG

Dieses Buch ist all meinen alten Kumpels, Freunden, Brüdern und Amigos gewidmet, für all die Zeiten, die wir miteinander verbracht haben, verbringen und noch verbringen werden.

INHALTSVERZEICHNIS

VORWORT

Gutes Wissen kommt von schlechter Erfahrung.

amerikanische Provinzweisheit

Weißt Du, ich schreibe diese Bücher nicht, damit Leute losziehen und irgend jemandem in den Hintern treten. Tatsächlich schreibe ich sie, damit Leute nicht losziehen und sich in den Hintern treten *lassen.*

Dies mag sich wie eine merkwürdige Methode anhören, um für dieses Buch zu werben, aber in Wirklichkeit ist es das nicht. Du könntest die Informationen aus diesem Buch einsetzen und Menschen verletzen, weil Du sauer bist, oder Du könntest sie einsetzen, um Deinen Hintern aus dem Leichenschauhaus herauszuhalten. Ich persönlich hoffe, daß es das letztere ist.

Ich bin nicht irgendein toller Kampfkünstler, der hier ist, um Dir all die phantasievollen Techniken zu zeigen, die er kennt. Auch bin ich nicht der Söldnerkommando-Typ, der Dir die dreitausend Möglichkeiten des Tötens zeigt (Ich gebe zu, daß ich Training in beiden Bereichen erhalten habe, aber das gehört nicht hierher.). Ich bin auch kein Polizist, obwohl ich sowohl als Security-Mann auf Veranstaltungen als auch manchmal als Rausschmeißer gearbeitet habe.

Was ich bin, ist ein alter Outlaw. Ein Straßenkämpfer, wenn Du so willst. Dies ist nicht etwas, für das Du wirklich trainierst. Es ist etwas, das Du lebst, manchmal, ohne eine Wahl zu haben. Der Weg des Outlaws ist wie der Pfad des Wolfes: Er lehrt Dich viel über das Leben und die Menschen und gibt Dir ein Verständnis dafür, wie die Dinge funktionieren. Es kann auch ein verrückter, einsamer und bösartiger Pfad sein.

Dieses Buch ist dazu bestimmt, Dir eine Vorstellung von dem zu geben, was Dir auf dem Gebiet des Kämpfens begegnen könnte. Ich bin nicht (wie mein Verleger es ausdrückt) „irgend so ein theoretisierender Schwätzer", wenn es um diese Branche geht. In meinem Leben bin ich auf beiden Seiten des Gesetzes und des gesunden Menschenverstands gewandelt. Ich bin sanft gewesen und ich bin gewalttätig gewesen. Ich habe in Wohnhäusern und ich habe in meinem Auto gewohnt. Ich bin Vorarbeiter, Drogendealer, Manager, Liebhaber, Trucker, Bauarbeiter, Künstler, Möbelpacker, Sprücheklopfer, Schriftsteller (ist das gleiche) und eine ganze Menge anderer Dinge gewesen. Ich bin sowohl durch die Hölle als auch durch den Himmel geritten, und ich habe die Erinnerungen und Narben, die es beweisen. Ich habe sowohl das Leben als auch den Tod gesehen (manchmal zuviel von beidem), und ich weiß, wie beides aussieht. Mit anderen Worten: Ich habe ein gutes Stück vom Lebens gesehen.

All meine Erfahrungen fügen sich zu einer sich von den meisten anderen Leuten sehr unterschiedlichen Betrachtung des Lebens zusammen. Dies ist es, was passiert, wenn Du Dich dazu entscheidest, außerhalb von dem zu leben, was als „normal" gelehrt wird. Die meisten Menschen versuchen dort Grenzen zu ziehen, wo die Dinge anfangen und enden. Sie versuchen, kleine, nette und hübsche Kisten zu bauen, die alles an seinen vorgesehenen Platz legen. Es wäre schön, wenn das die Art und Weise wäre, in der es tatsächlich funktioniert, aber das ist sie nicht. Die Dinge stehen stärker miteinander in Wechselbeziehungen und sind stärker miteinander verbunden, als es uns von der Gesellschaft gelehrt worden ist, während wir aufwuchsen. Uns wurde beigebracht, so zu tun, als ob alles im Leben wie eine unbewegliche, tote und unterteilende Maschine ist, an deren tatsächlichen Handlungen wir keinen Anteil haben. Uns wurde gesagt, wenn wir bestimmte mechanische Handlungen ausführen, werden sich daraus bestimmte Resultate ergeben. Unsere Gesellschaft möchte uns glauben lassen, daß alles, was Du zu tun hast, ist, daß Du einen Schlüssel herumdrehst und sich ein anderes System um den Rest kümmert. Du hast keine Kontrolle oder Verantwortung über den gesamten Vorgang. Dies mag in speziellen Situationen wahr sein, aber im Gesamtbild des Lebens ist es das nicht. Es gibt keine Sachen wie „Du tust einfach dies, und jenes wird passieren."

Dies trifft besonders auf den Bereich der Selbstverteidigung zu. Du kannst nicht bloß einfach die Techniken lernen und erwarten, einen wirklichen Straßenkampf zu überleben. Du mußt in der Lage sein, vorwärts, rückwärts, seitwärts, in diese und in jene Richtung zu sehen, um die Selbstverteidigung zu meistern. Kämpfen ist viel komplizierter, als es den meisten Leuten lieb ist, und zur gleichen Zeit ist es auch viel einfacher.

Ich werde in diesem Buch über Dinge sprechen, die so erscheinen mögen, als ob sie nichts mit Waffen oder, aus diesem Grund, mit der Selbstverteidigung zu tun haben. Was diese Dinge angeht, hat etwas mit dem Überleben zu tun – mit Deinem nämlich. Selbstverteidigung ist die Aufmerksamkeit, und nicht die Fähigkeit, jemanden zusammenzuschlagen. Zu wissen, wie man jemanden zusammenschlägt, ist die Fähigkeit zu kämpfen. Wenn es in der Welt nicht diese Dinge gäbe, die sich miese Tricks, Hinterhalte, tote Winkel, Fallen, Straßenraub, Egos und Rache nennen, dann würde dies ausreichen. Weil es in der Welt aber diese Dinge *gibt,* reicht es einfach nicht aus, nur in der Lage zu sein, kämpfen zu können. Das Kämpfen kann Dich nicht wirklich vor diesen Dingen beschützen. Die Aufmerksamkeit schon.

Was den meisten Leuten als Selbstverteidigung gelehrt wird, ist in meinen Augen das Gegenstück dazu, jemandem das Autofahren zu lehren, ohne ihm etwas über die Bremsen beizubringen. Obwohl es möglich ist, ohne Bremsen zu fahren (ich habe es schon gemacht), ist es besser, über sie Bescheid zu wissen. Noch besser ist es, sie auch zu benutzen.

Dies ist der Grund dafür, warum ich eher Überlebensbücher als Selbstverteidigungsbücher schreibe. Die Selbstverteidigungsbücher zeigen Dir nur, was in *bestimmten* Situationen zu *tun* ist. Die Überlebensbücher zeigen Dir, wie man in *verschiedenartigen* Situationen *denkt.*

Die meisten Selbstverteidigungsbücher zeigen Dir nur eine Vorgehensweise, um mit einer Situation umzugehen – es ist die, wie man den Typ schlägt, wenn er aus dem Gebüsch hervorgesprungen ist und Dich angreift. In neun von zehn Fällen lehren sie außerdem Techniken, die darauf aufbauen, daß der Typ aus dem Gleichgewicht geraten und schlampig in seiner Technik ist und wie eine Holzpuppe dasteht, während Du vermutlich seinen Arm abreißt (viel Glück). Sie sagen Dir nicht, was zu tun ist, falls mit einer Technik etwas schiefgeht (was häufig passiert). Auch erwähnen sie nicht, was vor oder nach einem Kampf vor sich geht. All diese Dinge sind schon schlecht genug, aber meiner Meinung nach ist am schlimmsten, daß sie Dir nicht die geringste Vorstellung davon geben, wie Du diese Situationen von vornherein vermeiden kannst.

Im Gegensatz zu dem, was Du denken magst, ereignet sich der meiste Scheiß nicht in den Überfall-aus-dem-Gebüsch-artigen Situationen. Viel häufiger bist Du in einer Kneipe, auf einer Party, wo auch immer, und irgend jemand wird damit anfangen, Dir den bösen Blick zuzuwerfen. Die nächste Sache, die Du mitkriegst, sind fliegende Fäuste. Du magst Joe Karate sein, aber eine Bierflasche kann jedermanns Hintern verdammt schnell zu Boden bringen.

Was Du besser wissen solltest als blitzartige Fußtritte und erschreckende *Kiais* ist die Tatsache, daß Du mit dem Typ sprichst, bevor der Scheiß losgeht. Zu wissen, was an diesem Punkt vor sich geht, ist wichtiger, als in der Lage zu sein, Ziegelsteine zu zerbrechen, während Du komische Geräusche machst. Es gibt einen Grund dafür, warum ich dies sage: Ziegelsteine schlagen nicht zurück. Auch ziehen sie keine Messer aus dem Nichts hervor und stechen den Schwarzgurt, der sie durchbrechen wird, nieder. Menschen tun dies. Das ist der Grund dafür, warum es genauso wichtig, wenn nicht noch wichtiger ist, zu wissen, was vor sich geht, als zu wissen, wie man jemandem in den Hintern tritt.

Dies sind die Dinge, die ich Dich in diesem Buch lehren werde. Vielleicht wirst Du nicht wie ich bluten müssen, um sie zu erlernen, denn laß uns klarstellen: *Kämpfen tut weh.* Die Wahrheit ist, daß es unvorhersehbar und nicht besonders spaßig ist (besonders dann nicht, wenn Du verlierst). Die meisten Leute haben nicht die Erfahrung, die erforderlich ist, um dabei aufzupassen, und Du kannst in diesem Geschäft dafür ernsthaft verletzt werden, daß Du so etwas nicht weißt. Ab und zu jedoch wirst Du kämpfen müssen.

Deshalb schreibe ich diese Bücher – für solche Leute, die ihre Augen offenhalten können und keine Angst davor haben, die Welt in einer anderen Art und Weise zu betrachten, als wie sie es gewohnt sind. Wenn Du vorhast durchzukommen und nicht von irgendeinem hinterhältigen Hurensohn verletzt zu werden, dann ist dieses Buch für Dich gedacht. Falls Du nur nach Möglichkeiten suchst, um Leute zusammenzutreten, wird Dich dieses Buch wahrscheinlich langweilen und total durcheinanderbringen.

Wie in allen meinen Büchern muß ich zu Anfang etwas betonen. Ich weiß nicht alles, was es über das Kämpfen zu wissen gibt. Niemand tut das. Wovon ich Dir hier erzähle, sind Dinge, die ich eingesetzt habe, um mein Leben mehr als einmal zu retten. Es gibt Dinge, die ich nicht vom Leben, dem Universum und der damit verbundenen Scheiße weiß. Aber was ich weiß, stammt aus persönlichen Erfahrungen und Nachforschungen. Es gibt auch Dinge, die ich kenne, aber nicht erzählen werde (ich möchte nicht eingesperrt werden).

Ich werde hier wahrscheinlich Dinge sagen, mit denen Du nicht übereinstimmen magst. Prima. Kein Gesetz besagt, daß Du mit allem einverstanden sein mußt, was ich sage. Ich bringe nichts mit Blitz und Donner in Marmor geschriebenes vor. Du mußt nicht alles machen, was ich sage. Du bist derjenige, der versucht, Dein Leben zu leben. Ich bin damit beschäftigt, meines zu leben. Alles, was ich hier tue, ist, Ratschläge anzubieten und nicht ein Evangelium zu predigen.

Was ich versuche zu sagen, ist, daß ich kein glorreicher Experte bin. Du kannst ohnehin für Dein Leben keinen Doktortitel bekommen. Du kannst ihn Dir zwar verdienen, aber niemand wird Dir dafür ein Diplom geben. Mein Ego wird keine Dellen bekommen, falls Du denkst, daß ich mit dem, was ich sage, danebenliege. Das ist okay. Du bist eine denkende Person und es ist Dein Recht, Dir Deine eigenen Gedanken zu machen und das zu tun, was Du für richtig hältst. Was ich tue mag für Dich nicht funktionieren, und das weiß ich. Ich gebe Dir die Ratschläge in diesem Buch von diesem Standpunkt aus. Übernimm daraus, was Du kannst und vergiß den Rest.

Nebenbei bemerkt, dies ist kein Buch über genaue Techniken. Es besteht aus einer abgedrehten Mischung von 1) den Grundlagen, die Du kennen mußt, um Dir selbst etwas über improvisierte Waffen beizubringen, und 2) den weiterführenden Details, die beim formalen Training normalerweise ausgelassen werden, die Du aber brauchen wirst, falls Du diesen Stoff in einem richtigen Kampf einsetzen willst. Dieses Buch ist für die Person geschrieben, die noch nie zuvor in ihrem Leben eine Waffe in die Hand genommen hat, es aber lernen möchte, für die Person, die es lernt und weiter fortschreiten möchte und für den alten Straßenkämpfer, der vorher nicht auf diese Art und Weise darüber nachgedacht hat. Wie Du es auch drehst und wendest, dieses Buch wurde für Leute geschrieben, die in einer gefährlichen Situation am Leben bleiben wollen. Wenn Du also etwas über improvisierte Waffen lernen möchtest, ist dies die *Theorie,* die dahintersteckt und das Erlernen tatsächlich leichter machen wird. Falls Du bereits Waffentechniken kennst, wird dies Dein Wissen erweitern, so daß Du es auch bei anderen Waffenarten anwenden kannst, und es wird den Stoff, den Du kennst, verfeinern. Wenn Du ein Oldtimer bist, wirst Du lachen, weil wir alle wissen, aus welcher Art von Situationen die Informationen in diesem Buch hier stammen.

Ach, übrigens, falls Du meine anderen Bücher gelesen hast, weißt Du bereits, daß ich eine Menge herumblödeln werde. Wenn nicht, sei gewarnt. Ich albere mit meiner eigenen Beerdigung herum (d.h., solange ich sie verpasse, wozu ich alle Absicht habe, es zu versuchen).

Ernsthaftes Zeug

Weißte, in zwanzig Jahren werde ich darauf zurückschauen und laaachen!

Ich, während ich Pferdescheiße ausspuckte, nachdem ich von einem Bronco abgeworfen wurde und mit offenem Mund gelandet bin.

Red Dawg hielt über seinem Bier inne und fixierte mich mit seinen vermeintlich blauen (meistens aber blutunterlaufenen) Augen in machomäßigem Unglauben. „Mann, ich gebe eher zu, daß ich mir einen runterhole, bevor ich zugeben würde, mit einer Haarbürste zusammengeschlagen worden zu sein", sagte er.

Ich lachte, zog die Frau neben mir dichter heran und trank einen Schluck Bier. „Verdammt, ich gebe beides zu, und ich bin nicht stolz darauf." Wie alle lachten und fuhren mit unserem Ziel fort, zu sehen, wie viel Krach wir schlagen könnten (Wir brachten es fast zum Abheben – kein Weltrekord oder irgend so etwas, aber nicht schlecht für einen improvisierten Krawall.).

Jahre später blickte ich auf diese Unterhaltung zurück und bemerkte ein paar Dinge. Dawg's Einstellung war ziemlich die gleiche, die die meisten Leute über improvisierte Waffen haben, welche in etwa in folgende Richtung geht: „Mir könnte das nicht passieren!" Ich hasse es, die Grillparty zu unterbrechen, Freunde, aber: ja, es könnte passieren. *Tatsache ist, daß, allgemein gesagt, die meisten Verletzungen, die die Leute sich während körperlicher Auseinandersetzungen zuziehen, durch das „Unerwartete" entstehen.* Wichtiger ist, daß die meisten Leute, die dort unversehrt herauskommen, wissen, wie man mit dem Unerwarteten umgeht – und damit fertig wird. Wenn es Dir um das Weiteratmen geht, wirst Du Dir diesen kleinen Leckerbissen nicht bloß zu Herzen nehmen, sondern Du wirst ihn auch auf Deinem Lebensweg anwenden.

Fangen wir mit dem Gesamtbild an und arbeiten uns zu den improvisierten Waffen durch. Laß uns anschauen, was ich beim Unerwarteten mit „Handhaben" und „Fertigwerden" meine. Die Special Forces werden als eine der vier besten Kampfeinheiten angesehen. Jedoch verlassen sie und die Rangers, SEAL's und LRRP's sich nicht so sehr auf die reine Feuerkraft, sondern viel mehr auf korrekte Informationen, Geheimhaltung, Auswahlmöglichkeiten, Vorausplanung und ÜBERRASCHUNG!

Es ist meine persönliche Erfahrung, daß Ninjutsu wirklich keine so heiße Kampfform ist. Aber das zählt nicht, denn wenn Du nicht aufmerksam bist, wirst Du den Mistkerl niemals sehen, bevor es für Dich zu spät ist. Raubüberfälle laufen oft auf die selbe Weise ab. Die meisten Leute bemerken erst zu spät, daß irgend etwas nicht stimmt, als das es ihnen noch etwas hilft! Wer weiß schon, falls der andere Typ in einer Kneipenschlägerei ein alter Hase ist, von wo aus etwas auf Dich zukommen wird?

Die Leute fragen mich, welchen Kampfstil ich einsetze. Ich sage ihnen PIBU. Das steht für Bierglas (Nun, tatsächlich das einer speziellen Biersorte, aber wenn ich es hier ausschreibe, werden sie mich verklagen.). Das Motto jedes PIBU-Meisters lautet: „Entweder werden wir uns hinsetzen und das Glas gemeinsam leeren oder ich werde dem Mistkerl das Ding über die Rübe hauen, wenn er mich angreift." Die Kampfkünstler denken, daß ich hierüber Witze mache. Alte Straßenkämpfer bekommen das „Oh, Du weißt über den Trick Bescheid"-Grinsen wenn sie es hören (Ich mochte den Typ, der sagte: „Ich bevorzuge MUBU. Das ist ein Bierkrug. Seit sie angefangen haben, Plastikbierbecher herzustellen, tut PIBU nicht mehr so weh.").

Deswegen betone ich immer, daß es einen Unterschied zwischen der Matte und der Straße gibt. In einem Dojo wird Dich niemand aus dem Hinterhalt angreifen, Dir einen Stuhl vor Deine Zähne knallen oder Dir eine Mülltonne zwischen Deine Beine werfen. Du kannst auch ziemlich genau die Chancen ausrechnen, mit einer Kette ausgepeitscht zu werden. Ich spreche jedoch aus Erfahrung, wenn ich sage, daß diese Dinge auf den Straßen und in Kneipen passieren.

Falls Du allerdings der Meinung bist, daß alles andere als ein direktes Aufeinandereinschlagen Mann gegen Mann nur etwas für Hosenscheißer ist und bei Dir nicht funktionieren würde, schlage ich vor, Du trittst in eine Kampfkunstschule ein und bleibst bei Turnierwettkämpfen und hältst Dich aus richtigen Kämpfen raus, weil Leute mit dieser Einstellung in der realen Welt damit enden, ins Gefängnis zu kommen, im Krankenhaus zu landen oder zu sterben.

Falls Dir jedoch kürzlich aus dem Abseits heraus eine Kette um Deinen Hals gewickelt worden ist und Du nun bereit dazu bist, ein oder zwei neue Dinge zu erlernen, dann setz Dich hin, mach es Dir bequem, öffne ein Bier und laß uns reden.

Wenn Menschen an Waffen denken, denken sie im allgemeinen an Schußwaffen, Messer und gelegentlich an Knüppel. Sie neigen auch dazu, im Sinne der Endgültigkeit zu denken: „Es ist vorbei, ich habe gewonnen." Ich meine, wir alle haben die Filme gesehen. Der Böse wird erschossen, der Gute rettet die Heldin, und sie beide gehen weg, damit sie ihm einen blasen kann. Yippie! Alle sind glücklich. Schlechte Neuigkeiten, Freunde. Falls Du eine Waffe nicht richtig einsetzt, geht der Ärger erst richtig los! Laß uns hier einige Grundsätze betrachten.

1) *Waffen können eingesetzt werden, ohne tödlich zu sein!* Leute denken oft nur an „tödlich", wenn sie an Waffen denken. Jedes Werkzeug, daß eingesetzt wird, um dabei zu helfen, jemand zusammenzuschlagen, wird als Waffe angesehen! Kapito? Du mußt Deine Begriffsbestimmung von dem, was eine Waffe ausmacht, erweitern. Zu meiner Zeit bekam ich eins auf die Hörner oder bin angegriffen worden mit Haarbürsten, einem Topf, einem Seil, Scheren, Bierflaschen, Kugelschreibern, einer Katze, Tischen und Stühlen, Billardstöcken, Shuriken, Spielkarten, Schlüsseln, Rasierklingen, Steinen, einem Kerzenhalter, Schuhen, einem Glas voll Coke und natürlich Ketten. Ich habe Blätter, Sand, das Wasser aus einem Hundefreßnapf, ein Hemd, einen Gürtel, Mülltonnen, Farbspachtel, Bier, Orangensaft, Spucke und viele der Dinge, die ich oben aufgeführt habe, eingesetzt, um Unterhaltungen zu beginnen. Viele davon dienen dazu, Dich aus dem Gleichgewicht zu bringen oder leicht zu verletzen, so daß Du eine Ladehemmung bekommst und Dein Angreifer mit etwas Ernsthafterem herankommen kann. Andere sind von sich aus ernster. Du kennst nicht die Bedeutung des Wortes Schmerz, bevor Du nicht selbst eine eingeschlagene Nase oder eine zertrümmerte Kniescheibe erhalten hast. Und auch ein gebrochener Kiefer ist ebenfalls kein Vergnügen.

2) *Waffen können tödlich sein.* Menschliche Lebewesen sind wirklich eine der verrücktesten Mischungen aus Zerbrechlichkeit und unglaublicher Zähigkeit, die Du jemals sehen wirst. Es gibt keine Vorhersage darüber, was mit ihm passieren wird. Ich habe Leute gesehen, die von einem Schlag k.o. gegangen sind, und ich habe Leute gesehen, denen scheinbar ohne Auswirkungen Billardstöcke auf ihren Köpfen zerschlagen worden sind. Ich habe Leute gesehen, die niedergeschossen worden sind und einfach weitermachten. Ich weiß auch Bescheid über die Mannstoppwirkung von bestimmten Schußwaffen. Ich habe Leute gesehen, die mehrere Messerstiche erhielten und weitermachten, und ich habe Leichen mit nur einem kleinen Einstichsloch in ihnen gesehen. Ich habe Leute gesehen, die einen Eiertritt erhielten und zusammenschrumpften wie ein Wurm in der Bratpfanne. Ich bin ebenfalls in die Eier getreten worden und bekam die kalte Wut. Bei den schlimmsten Schäden, die ich jemals Leuten zugefügt habe, fühlte es sich oft so an, als ob ich sie kaum berührt hatte, dennoch kamen sie ins Krankenhaus. Ich habe auch Leuten meine absolut besten Schläge verpaßt und sie sahen mich bloß regungslos an (glücklicherweise bin ich immer ein schneller Läufer gewesen). All dies sollte auf die Tatsache hinweisen, daß es keine Möglichkeit gibt, vorherzusagen, was bei Gewalttätigkeiten passieren wird. Du magst jemanden auf die genau richtige Art und Weise treffen (oder die falsche, abhängig von Deiner Sichtweise) und ihn töten. Oder alles, was Du hast, mag nicht ausreichen, um den Mistkerl zu stoppen. Deshalb betone ich den nächsten Grundsatz.

3) *Es gibt keine Garantie in einem Kampf.* Es sind die Machoscheißer, die glauben, weil sie so grob und hart sind, können sie nicht verletzt werden. Bevor sie diese Einstellung nicht ändern und anfangen, in die Schatten zu blicken, haben sie eine Lebenserwartung von etwa fünf Jahren. Für den Fall, daß Du es nicht bemerkt hast: Der Tod ist eine langfristige Angelegenheit. Verkrüppelt zu werden ist ebenfalls keine zweiwöchige Einschränkung. Das absolut beste, auf das Du hoffen kannst, ist, Deine Augen und Deinen Verstand offen zu halten, wenn es um das Kämpfen geht. In irgendeinem Kampf wirst Du, wie Du es auch drehst und wendest, Schaden erleiden. Aber Du kannst ihn möglichst gering halten, wenn Du wachsam bist. Ein Hauptgrund dafür, daß ich noch am Leben bin, ist, daß ich mir immer vorgestellt habe, daß mein Gegner besser als ich ist und noch etwa sechs Asse im Ärmel hat, die er gegen mich herausziehen wird. Es hat mich davon abgehalten, fett und träge zu werden. Es hat mich außerdem weiteratmen lassen. Irgendein Typ sagte einmal: „Es gibt mehr Leute, die noch immer Leben, weil sie ihren Gegner überschätzt haben, als Leute, die ihren Gegner unterschätzt haben."

4) *Waffen können langfristig gesehen häßlich sein.* Den Kampf verlieren, Cops, Krankenhaus,

Gefängnis und rachsüchtige Leute machen die Nachwirkungen eines Waffenkampfes zu einem wirklichen Ärgernis. Wenn Du jemandem mit einer Flasche eins verpaßt und er ins Krankenhaus kommt, ist das ein Angriff mit einer tödlichen Waffe (Behalte die Grundregel Nr. 2 im Kopf. Der Typ könnte sterben.) [Anmerkung des Übersetzers: In Deutschland fällt dies unter „Gefährliche Körperverletzung." Siehe dazu auch die Anmerkungen zur deutschen Ausgabe am Ende des Buches!]. Für den Fall, daß Du es nicht bemerkt hast: Viele Leute sitzen im Gefängnis wegen einer Sache, die sich Mord nennt. Die Gefängnisse sind für die Typen, die leben. Es gibt auch eine Menge Leute auf den Friedhöfen wegen einer Sache, die sich Tod nennt. Du magst nicht immer derjenige sein, der mit der Flasche zuschlägt. Wenn Du ein hitziges Temperament hast, solltest Du besser lernen, es zu kontrollieren, bevor Du in dieses Territorium vordringst. Bei Waffen gibt es keinen Spielraum für Nachlässigkeiten. Die Leute, die leben und frei sind, sind diejenigen, die denken, bevor sie handeln.

Du magst jemand windelweich dreschen wollen, aber halt für einen Moment ein und denk darüber nach. Ist das den Rest Deines Lebens wert? Wir reden hier von Waffen, Freunde, und das ist es, was es zu bedeuten hat. Falls der Typ nun bereits seine Ruhe verloren hat und mit einer Waffe auf Dich zukommt, wird dieses Argument gewissermaßen theoretisch. Oder wenn der Typ versucht, Dich zu überfallen, zu vergewaltigen, auszurauben oder Dich überhaupt zu belästigen, geht es um alles, und Du weißt besser Bescheid darüber, wie Du ihn mit dem, was auch immer gerade zur Hand ist, angehst.

Die Wahrheit ist, daß Du wirklich alles sicher unter Dach und Fach haben mußt, wenn es um Waffen geht. Diesen Stoff zu kennen, kann Dein Leben retten, ihn auf die falsche Art und Weise einzusetzen, kann es beenden.

DIE GRUNDLAGEN

Es gibt alte Biker und es gibt freche Biker, aber es gibt keine alten und frechen Biker.
eine Biker-Redensart

Ich bin immer allergisch gewesen gegen Unbesonnenheit im Straßenverkehr und dagegen, daß mir meine Zähne eingetreten werden. Deshalb habe ich durch Aufmerksamkeit und Reflexe versucht, beides zu vermeiden.

Auf einem Motorrad kannst Du normalerweise mögliche Schwierigkeiten voraussehen, indem Du die Vorderräder der Autos um Dich herum beobachtest. Die Räder eines Autos werden sich einen Augenblick, bevor der Wagen hinterher folgt, anfangen zu bewegen. Zum Teufel mit den Blinkern und der Position des Wagens – die Räder werden Dir verraten, was passieren wird. Es sind eine Menge Tintenfische unterwegs, die dieses kleine Detail an Information nicht kennen (Ein Phänomen in Los Angeles. Junge, glatte Yuppie-Athleten, die keine Schutzbekleidung auf ihren japanischen Rennmaschinen tragen. Diese Kids sind voll abgefahren auf ihr Aussehen, viele Pferdestärken, einen hohen Hormonspiegel und einen Glauben an ihre eigene Unsterblichkeit.). Sie werden es lernen...oder sie werden sterben. Die Sache ist die, daß dieses einfache Stückchen an Information aus einer von zwei Quellen stammt – entweder aus eigener Erfahrung oder aber von einem Oldtimer, der Dir davon erzählt.

Die meisten Leute glauben, daß die Grundlagen die sind, wie man auf einem Motorrad sitzt oder wie man ein Messer hält. Die Grundlagen, von denen ich spreche, handeln davon, die Räder zu beobachten oder zu wissen, wie jemand ein Messer verdeckt trägt. Dies sind Dinge, die häufig von Kampfkunsttrainern übersehen werden.

Grundlagen kommen in zwei verschiedenen Formen vor: als Schlüssel und als Muster. Schlüssel sind besondere Dinge, auf die Du acht gibst. Muster bestehen aus einer Kette von miteinander verwandten Schlüsseln. Worauf sie tatsächlich hinausführen, ist eine Denkweise über Dinge und Ereignisse, die Dir einen Hinweis darauf gibt, was auf Dich zukommt oder demnächst geschehen wird. Laß es uns auf diese Weise betrachten. Du spazierst einen Weg entlang und hörst ein vibrierendes Summen. Weißt Du was? Du hast gerade eben eine Klapperschlange gefunden! Überraschung! Dies ist es, was ich mit „zu wissen, nach was man Ausschau halten muß“ meine (Okay, hier *hörst* Du die Klapperschlange. Es ist ein Gleichnis, verstanden? Wir wollen es nicht zu technisch sehen.). Die Klapper ist der Schlüssel dafür, um zu wissen, daß dort eine Giftschlange ist.

Für Muster braucht man etwas länger, um sie zu erklären. Nehmen wir mal an, Du hast auf der Arbeit einen Freund. Sein Name ist...ähm...Billy Joe. Du gehst mit Billy Joe normalerweise nach der Arbeit gemeinsam aus. So weit, so gut. Okay, Billy Joe hat eine Freundin. Ihr Name ist Linda. Sie und Billy Joe kämpfen nun zwar nicht gerade miteinander, aber ab und zu stutzt Linda den alten Billy Joe gehörig zurecht. Am nächsten Tag ist Billy Joe nicht so gut drauf. Es ist nichts, was wirklich auffällig ist, aber er benimmt sich einfach nicht normal – knappe Antworten, zusammengepreßte Lippen, zu schmalen Schlitzen verengte Augen und ganz allgemein zeigt er eine Miene, als ob er so kuschelig wie ein Stachelschwein ist. Wenn Du ihn fragst, magst Du herausbekommen, was in der Nacht zuvor passiert ist. Wenn Du ihn nicht fragst, sieht es so aus, als ob er mit dem falschen Fuß aufgestanden ist.

Nun, was soll‘s, wir alle haben solche Tage, stimmt‘s? Also gehst Du mit Billy Joe los, um euren üblichen Drink nach der Arbeit zu euch zu nehmen. Da sitzt ihr in der Kneipe und irgend jemand schaut Billy Joe schief an. Das nächste, was Du siehst, ist, daß Billy Joe mit dem Typ in einen Kampf gerät. Mist, schlechte Neuigkeiten. Okay, die Situation ist entschieden. Bis zum nächsten Mal. Beim nächsten Mal ist es ein anderer Typ, aber diesmal hat er Freunde dabei. Dreimal darfst Du raten, wer bei Billy Joe‘s kleinem Problem mit hineingezogen wird. Ich werde Dir einen kleinen Tip geben. Er sieht Dir verblüffend ähnlich und liest gerade in diesem Augenblick ein Buch.

Dies ist es, was ich mit „Muster“ gemeint habe. Es sind vorprogrammierte Denkweisen, die auf ein vorhersehbares Benehmen in bestimmten Situationen hinauslaufen. Hier sieht das

Muster wie folgt aus: Linda hatte einen schweren Tag auf der Arbeit. In dieser Nacht, in einem offensichtlichen Fall von „Suche nach einem Prügelknaben“, fährt Linda mit Billy Joe wegen irgend etwas unbedeutendem Schlitten. Am nächsten Tag ist Billy Joe bei der Arbeit schlecht gelaunt. Dann, als ihr beide nach der Arbeit ausgeht, gerät er in einen Kampf.

Wenn dies nur ein Mal passiert, ist es keine große Sache. Aber wenn es ein zweites Mal passiert, könnte es dies sein. Falls es nun ein drittes Mal passiert, hast Du ein voll ausgewachsenes Muster. Da gibt es ein Motto, das ich irgendwo auf meinen Reisen erlernt habe und das ich Dir gerne mitteilen würde. Es ist eine gute Faustregel für das Erklären von Mustern. *„Beim ersten Mal ist es interessant. Beim zweiten Mal ist es ein Ereignis. Beim dritten Mal ist es ein Spiel!“* Muster sind Dinge, die geschehen und die Du wirklich nicht vor Gericht beweisen kannst, aber, verdammt noch mal, sie passieren!

Wenn Du eine Person mit derartigen Dingen konfrontierst, wird sie diese normalerweise entweder gänzlich abstreiten, oder sie bekennt sich zu ihrer Unkenntnis in solchen Sachen wie dieser. Die zweite Antwort entspricht tatsächlich häufiger der Wahrheit. Die meisten Leute haben nicht nur tote Winkel, die sie nicht bemerken, sondern sind sich nicht einmal darüber bewußt, daß sie diese nicht bemerken. Viel zu oft entspringt die menschliche Handlung aus diesen toten Winkeln. Da die meisten Menschen noch nicht einmal wissen, daß sie diese haben, kannst Du darauf wetten, daß sie ziemlich blind bei Handlungen sind, die aus ihnen hervorkommen.

Billy Joe z.B. liebt Linda wirklich, und er ist nicht einer von der Sorte, die es mag, mit seinem alten Mädchen zu streiten. Anstatt also seinen Ärger bei ihr loszuwerden, nimmt er ihn mit und gerät in einen Kampf. Dies ist sein toter Winkel. Er sieht nicht die Verbindung zwischen dem, was Linda in der letzten Nacht getan hat und dem Kampf am heutigen Abend. Dieser Zusammenhang besteht jedoch und Du mußt darüber Bescheid wissen, oder Du wirst dort auch mit hineingezogen werden. In diesem Sinne wissen diese Leute wirklich nicht, was vor sich geht. Sie folgen einfach bloß ihrem Programm, ohne darüber nachzudenken, was sie tun. Manchmal ist diese Scheiße direkt gegen Dich gerichtet, und manchmal wirst Du auch ganz einfach nur von ihr bespritzt werden.

Andere jedoch wissen, daß sie auf irgend etwas zusteuern und sind wie Kinder, die ihre Hände noch nicht ganz – aber fast – in der Keksdose drin haben. Diese Leute zielen genau auf Dich. Nichts ist jemals offensichtlich gewesen, aber eine Menge Dinge sind geschehen. Um es irgendwie zu formulieren, könntest Du sagen, daß „nichts tatsächlich falsch ist, aber irgend etwas mit absoluter Sicherheit nicht stimmt.“ Wenn Du sie damit konfrontierst, reagieren sie, als ob es eine totale Überraschung für sie ist. Es ist wie die Antwort des Axtmörders, der in einem Mietwagen angehalten worden ist. Als die Polizisten ihn wegen der Axt und dem Revolver im Kofferraum befragten, antwortete er (und ich zitiere): „Verdammt, ich weiß, aber Sie können sicher sein, daß ich nie wieder einen Wagen bei Avis mieten werde.“ Jawohl, Typ, recht so. Kleinere Sachen passieren mit diesen Menschen. Einzeln bedeuten sie nicht viel, aber wenn Du sie miteinander verbindest, ergeben sie kein sehr schönes Bild. In Wirklichkeit sieht es ganz so aus wie eine große Falle.

Bei diesen Fallen ist es zum größten Teil notwendig, daß Du „vernünftig“ bist, damit sie funktionieren (Es gibt jedoch auch andere Arten von Fallen, die darauf aufbauen, daß Du Deine Ruhe verlierst. Falls Du also ein heißes Temperament hast, mußt Du darauf aufpassen. Sie können sehr gut gegen Dich verwendet werden.). Du mußt verstehen, daß es Zeiten gibt, in denen Du nicht „vernünftig sein“ kannst, falls Du überleben möchtest. Da die meisten Leute nicht wie ein Arschloch aussehen möchten, lassen sie diese Art von Scheiße laufen. Ich habe keine Probleme damit, zuzugeben, daß ich ein glühendes Arschloch sein kann. Wenn ich diese Art von Scheiße ausfindigmache, stehe ich auf und laß die Hölle über sie kommen. Das Kind beim Namen zu nennen ist die beste Methode, um zu verhindern, daß dieser Scheiß in Gang kommt. Wenn Leute sagen, daß ich unvernünftig bin, ist meine Antwort: „Tja, ich mag falsch liegen, aber es kann auch genauso gut richtig sein (oder: „Pinkel mir nicht auf meinen Rücken und erzähl mir, daß es regnet.“).“

Ich fange nicht an loszuschlagen, wenn ich diese Art von Scheiße ausfindigmache (normalerweise, weil ich sie heutzutage früh genug erkenne), aber ich ziehe ernsthaft einen Schlußstrich und sage ihnen, vernünftig oder nicht, daß, wenn sie diesen überschreiten, ich losschlagen werde. Normalerweise ist diese Linie der nächste Schritt in dem Muster, daß ich erkannt habe. Wenn es ein Fehler war und ich es fälschlicherweise als ein Muster ausgelegt habe, wird kein Blut fließen. Dies ist es, was mich beliebt sein läßt. Wenn ich es richtig ausgelegt habe, läßt es den Typ wissen, daß er erkannt und anvisiert worden ist. Glaub mir, dieser kleine rote Lichtpunkt ist ein großartiges Abschreckungsmittel bei Typen, die diese Scheiße absichtlich machen. Sie wissen, daß ein Bleigeschoß dort einschlagen wird, wo dieser kleine Laser hinzielt, und er zielt direkt auf ihre Brust.

Ich möchte nun nicht, daß Du das, was ich gesagt habe, als eine *Freikarte* ansiehst, um loszuziehen und ein Arschloch zu sein und so zu reagieren, als ob alles eine Falle wäre (Da wir in einem sich selbst regulierenden Universum leben, würde jeder, der dies tut, herausfinden, daß das keine so heiße Idee ist. Es ist ein ungeschriebenes Gesetz – es gibt immer einen, der schneller zieht. Erlerne dies und Du magst lange genug leben, um Deinen Enkelkindern Lügenmärchen zu erzählen.). Du mußt jedoch wissen, daß gelegentlich jemand versuchen wird, Dir eine Falle zu stellen. 50 Prozent von dem, was vor sich geht, ist ohne Beziehung zu Dir persönlich. Von der verbleibenden Hälfte sind etwa 20 Prozent unabsichtlich oder das Ergebnis eines rein mechanischen Vorgangs. Weitere 20 Prozent sind reine Ausrutscher. Das bedeutet, daß etwa 90 Prozent von all diesen Dingen unter Einsteins Relativitätstheorie fallen: R = Scheiße passiert. Es bleiben aber noch immer 10 Prozent übrig.

Es sind diese 10 Prozent, auf Die Du achten mußt. Bei ihnen ist es, wo die Muster *wirklich* etwas bedeuten, denn sie sind gegen Dich gerichtet. Die anderen 90 Prozent können Dich ziemlich hart erwischen, aber theoretisch hat jedermann die gleiche Chance, von ihnen eins auf die Hörner zu kriegen. Wir alle werden ab und zu mal durchgeschüttelt. Das Leben ist, in dieser Hinsicht, eine Sauerei, aber so ist der Lauf der Welt. Bei den übrigen 10 Prozent versucht irgend jemand, den roten Zielpunkt speziell auf Dich zu richten.

Mit der Zeit, wenn Du es drauf hast, auf die auf Dich gerichteten 10 Prozent zu achten, kannst Du damit beginnen, andere Muster in den übrigen 90 Prozent zu sehen. Dies sind Dinge, die nicht speziell gegen Dich gerichtet sind, aber jeden erwischen werden, der dort steht, wo sie herunterkommen werden. Es ist gewissermaßen so, als ob aus Versehen ein Tresor von einem Gebäude auf Dich herunterfällt. Wenn Du auf Dich selbst acht gibst, lernst Du, daß es eine gute Faustregel ist, nicht unter Tresoren entlang zu spazieren, die aus Fenstern heraushängen. Der Typ, der ihn fallenläßt, hält ihn nicht speziell für Dich bereit, aber Du würdest genauso tot sein, als ob er es getan hätte. Die nette Sache ist die, daß die Muster aus den 90 Prozent leichter zu umgehen sind als die, die direkt auf Dich gerichtet sind. Alles, was Du zu tun hast, ist, zu wissen, daß Du besser nicht zur falschen Zeit am falschen Ort bist.

Mit anderen Worten: Wenn Du anfängst, Deine Augen offen zu halten, kannst Du es im allgemeinen nicht bloß vermeiden, von dieser Scheiße erwischt zu werden, sondern Du kannst es auch vermeiden, von der Scheiße anderer Leute bespritzt zu werden.

Du magst Dich nun fragen, warum ich Dich eben mit dieser langatmigen Predigt gelangweilt habe. Etwa in der Richtung von: „Was zum Teufel hat dies hier mit improvisierten Waffen zu tun?" Die Antwort lautet: ALLES!

Die Schlüsselpunkte eines gewalttätigen Musters ausfindig zu machen, daß kurz davor steht, auszubrechen, ist der einzige wirkliche Weg, um zu verhindern, daß Dir von irgend jemandem Dein Schädel eingeschlagen wird! In einem genaueren Sinne ist es das Verständnis dafür, was das Muster einer Grundkategorie der Waffen ausmacht, das verhindern wird, daß Du eine Abreibung erhältst, wenn jemand versucht, einen Gegenstand auf diese Weise zu benutzen. Zum Glück sind diese Muster mit ein wenig Übung leicht zu erkennen.

Betrachte es auf diese Weise. Du machst eine Arbeit und Du hast dabei eine schwierige Situation. Ohne, daß Du es weißt, gibt es ein Werkzeug, daß diese Arbeit um einiges vereinfacht. Zuerst mußt Du wissen, daß ein solches Werkzeug existiert. Dann mußt Du eines davon finden, und dann kannst Du es benutzen. Auf die gleiche Weise mußt Du zuerst diese Grundschlüssel und -muster kennen (dafür ist dieses Kapitel da). Weißt Du erst einmal, daß sie vorhanden sind, mußt Du losziehen und sie finden (dafür ist der Rest des Buches da). Dann wirst Du sie in Deinem täglichen Leben benutzen.

Deshalb stand ich gerade eben auf einer Holzkiste und quasselte mir den Mund fusselig über Dinge wie Grundlagen, Schlüssel, Muster und all diesen ganzen Kram. Du weißt jetzt, daß alle diese Werkzeuge existieren. Laß uns nun gemeinsam losziehen, um sie zu finden.

L.U.N.A.[1)]

Ungeachtet ihres Zwecks ist es ist eine wunderschöne Sache.

Aussage einer Film-Crew

Dieses Kapitel wird Dich vertraut machen mit den Grundarten der improvisierten Waffen und den Schlüsseldingen, die ihnen gemeinsam sind. Die meisten improvisierten Waffen fallen in eine von drei Kategorien. Diese sind:

A	B	C
Reichweite	**Art**	**Bauweise**
Wurfgeschoß Nahdistanz	Knüppel Aufschlag Schneide Einfangen Spitze Aufschlitzer	Fest Flexibel

Es funktioniert wie bei der Zusammenstellung eines Menüs im Chinarestaurant – eines aus Spalte A, zwei aus Spalte B und noch ein weiteres aus Spalte C. Du kannst es vermischen und passend zusammenstellen, um Kombinationen zu erhalten, besonders aus Spalte B (Frühlingsrollen und Reis sind bei allen dabei, aber Sojasoße kostet extra.).

Laß es uns auf diese Weise betrachten. Hier haben wir eine Bierflasche. Dort ist ein Typ vor Dir. Du streckst Deinen Arm aus und ergreifst die Flasche am Hals, wobei Dein Daumen am Flaschenkörper liegt. Wenn Du dem Typ mit der Flasche eins auf's Haupt gibst, benutzt Du sie:

A) in der Nahdistanz
B) als Knüppel
C) als feste Waffe.

Wenn jemand mit einem Stuhl vom anderen Ende des Raumes auf Dich zukommt, solltest Du die Flasche hochheben und werfen. Sie wird dann:

A) ein Wurfgeschoß
B) eine Aufschlagswaffe
C) eine feste Waffe.

Wenn Du jedoch einfach ausholst und dem Typ mit der Flasche in Deiner Hand eine Rückhand verpaßt, setzt Du sie ein:

A) in der Nahdistanz
B) als Aufschlagswaffe
C) als feste Waffe.

Aber was ist, wenn Du sie ergreifst und zuerst an der Hauswand zerschlägst? Sie wird dann:

A) eine Nahdistanzwaffe
B) eine Waffe mit Schneide oder Spitze, möglicherweise auch mit beidem
C) flexibel.

1) Das wird wie „Luna" ausgesprochen und bedeutet: „Laßt uns Nachforschungen anstellen."

Der Grund dafür, warum sie eher eine flexible als eine feste Waffe wird, ist der, daß Flaschen unvorhersehbar reagieren. Flexibel bedeutet grundsätzlich, daß eine Waffe während des Einsatzes ihre Form verändert, wie z.B. eine Kette oder eine Peitsche. Aber in diesem Fall bedeutet es, daß sie in Deiner Hand auseinanderfallen mag, was eine gerade eben zerbrochene Flasche einfach tun könnte. Technisch gesehen liegt sie irgendwo zwischen fest und flexibel, was sie sowohl für den Angreifer als auch für den Angegriffenen so verdammt unberechenbar macht. Auch bestimmt die Art und Weise, in der sie zerbricht, ob sie eine Waffe mit Schneide (zum Schneiden) oder eine Waffe mit Spitze (zum Stechen) wird. Manchmal ist sie beides (Schneide/Spitze).

Du beginnst also zu sehen, auf welche Variationen Du achten mußt. Die meisten Dinge können auf verschiedene Art und Weise gegen Dich verwendet werden. Du mußt in der Lage sein, die sich verändernden Umstände ausfindigzumachen, um vorherzusagen, was als nächstes passieren wird. Nehmen wir z.B. an, daß irgendein Typ mit einem Billardstock auf Dich einschlägt. Du weichst aus und er verfehlt. Der Billardstock zerbricht am Billardtisch. Was hat sich verändert? Nun, zuerst griff er Dich mit A) einer Langdistanzwaffe, B) einem Knüppel und C) einer festen Waffe an. Wenn er auf dem Laufenden ist, kann er Dich jetzt mit dem Stumpf angreifen, der, abhängig davon, wie er abgebrochen ist, jetzt entweder zu A) einer Nahdistanzwaffe, B) einer Waffe mit Spitze und C) einer festen Waffe, oder A) einer Langdistanzwaffe, B) mit Spitze und C) einer festen Waffe geworden ist. Anders ausgedrückt, wird er entweder versuchen, mit einem Eispickel oder mit einem Speer zuzustoßen. In diesem Beispiel täuschst Du besser vor, Dracula zu sein und ziehst Dich vor dem Holzpflock zurück. Es ist Zeit dafür, daß Deine Bierflasche zum Wurfgeschoß wird.

Laß uns ein paar an einer Kette hängende Schlüssel betrachten. Wie lang ist die Kette? Sagen wir mal etwa 60-90 cm (Ja, es gibt sie in dieser Länge. Was glaubst Du wohl, was deren Träger damit tun?). Dies ergibt:

A) eine Langdistanzwaffe
B) eine Aufschlags-/Aufschlitzwaffe
C) eine flexible Waffe.

Da Du nun eine grundsätzliche Vorstellung davon hast, wie dieser Stoff in der Realität umgesetzt wird, laß uns mal genauer betrachten, wie die unterschiedlichen Arten der improvisierten Waffen in diese Kategorien passen.

Manchmal stammen sie direkt aus einem Robin Hood-Film, wie z.B. Langstöcke, Schilde, Keulen, Speere und Darts (Jawohl, Wurfpfeile. Sie waren ursprünglich eine keltische Waffe, ungefähr 60 cm lang und etwa 2,4 kg schwer. Wenn sie Dich trafen, konnten sie Dir ziemlich gut Deinen Tag versauen. Sie sind seit damals verweichlicht und haben sich zu einer Freizeitbeschäftigung in den Pubs weiterentwickelt.).

Andere Waffen scheinen direkt aus der Fernsehserie „Kung Fu" oder einem Chop-Sockey-Film zu stammen. Sie beinhalten Shuriken, Yawara-Stöcke, Nunchakus und derartiges Zeug.

Wieder andere hören sich einfach nur abgedreht an, bis Du mal einen Augenblick über sie nachdenkst – Sachen wie Tigerklauen, Bumerangs, Monkeyballs und Jo-Jo's (Jawohl, die philippinische Waffe. Sie wurde zur Jagd und im Krieg eingesetzt.).

Laß uns zuerst die Spalte A sezieren.

Langdistanzwaffen. Alles, was Du einsetzen kannst, wenn Du irgendwo zwischen 60 cm und 1,5 m von dem Typ entfernt bist, der auch eine solche hat. Dies beinhaltet Speere, Langstöcke, Ketten, Baseballschläger, Spazierstöcke, Jo-Jo's, Nunchakus, Stühle und alles andere, was Du Dir vorstellen kannst einzusetzen, um das Arschloch von Dir abzuhalten.

Wurfgeschosse. Das ist alles, was geworfen, weggeschlagen, geschmissen oder wie ein Frisbee geschleudert werden kann, um Deinen Gegner entweder durch den Aufschlag, durch Stechen oder durch Schneiden zu verletzen. Dies beinhaltet Flaschen, Steine, Darts, Shuriken, Billardkugeln, Mülltonnendeckel, Aschenbecher, improvisierte Speere, Spielkarten und selbstverständlich Katzen (Was, Du glaubst, ich mach Witze? Mieze trifft mit vier kleinen Kreissägen auf, die mit voller Drehzahl laufen!).

Nahdistanzwaffen. Alles, was Dich in Gefahr bringen würde, wenn Du etwa 75 cm oder näher dran bist. Dies sind Messer, Flaschen, Gummiknüppel, Totschläger, Brecheisen, Rasierklingen, Gabeln, Schlüssel, Yawara-Stöcke, Aschenbecher, Erdnußdosen, Schuhe, Haarbürsten, Töpfe und Pfannen. Die meisten dieser Dinge können sehr schnell von einer handgehaltenen Waffe zu einem Wurfgeschoß umgewandelt werden, was ihre Reichweite zwar erweitert, aber glücklicherweise nur für ein einziges Mal.

In der Spalte B kannst Du entweder einzelne Einheiten haben, oder Du kannst sie kombinieren. Einzeln hast Du:

Knüppel. Dies ist alles, was draufhaut. Vom Großen zum Kleinen gehend hast Du hier Langstöcke, Baseballschläger, Metallstangen, Spazierstöcke, kleinere Einrichtungsgegenstände, Gummiknüppel, Flaschen und natürlich Vierkanthölzer in dieser Kategorie. Außerdem beinhalten sie verschiedene keulenähnliche Variationen wie Nunchakus, Totschläger, Ketten und Jo-Jo's.

Aufschlagswaffen. Ausgenommen dann, wenn sie geworfen werden, unterscheiden sich Aufschlagswaffen grundsätzlich darin von den Knüppeln, daß sie hauptsächlich eingesetzt werden, um die Hand härter zu machen, als sie normalerweise ist. Bei einem Knüppel schlägst Du mit dem Knüppel. Bei einer Aufschlagswaffe schlägst Du immer noch mit Deiner Hand zu, aber sie hat nun eine künstliche Hilfe erhalten. Schlagringe, verzierte Fingerringe, Yawara-Stöcke, mit Geldmünzen gefüllte Papierrollen und mit Bleistaub gefüllte Schlaghandschuhe sind alles gute Beispiele für das, was ich meine. Wenn sie geworfen werden, geben Dir die Aufschlagswaffen einen guten Stoß mit.

Waffen mit Schneiden. Messer sind nicht die einzigen Waffen in dieser Kategorie, obwohl sie die Masse davon bilden. Genauer gesagt sind Waffen mit einer Schneide eher zum Schneiden als zum Stechen gedacht. Hier hast Du Messer, Rasiermesser, bestimmte Arten von zerbrochenen Flaschen, Glasscherben und gelegentlich angeschliffene Gürtelschnallen.

Waffen zum Unbeweglichmachen. Diese sind selten, solange Du nicht jemandem begegnest, der gut darin trainiert ist. Dann gerätst Du ernsthaft in Schwierigkeiten. Eine unbeweglichmachende Waffe ist eine, die den Angriff Deines Gegners einfängt und ihn entweder lange genug festhält, um eigene Angriffe vorzutragen, oder um ihn aus dem Gleichgewicht zu ziehen. Wenn sie richtig eingesetzt werden, können Spazierstöcke, Seile, Ketten, Krawatten, Gürtel, Barhocker, Kleidungsstücke und Peitschen als Unbeweglichmacher dienen. Ich habe einmal gegen einen Typ einen Schlag eingesetzt, den er mit einem Topf eingefangen hat – es ist verrückt, aber wahr.

Waffen mit Spitze. Wie bei ihren Brüdern, den Schneidewaffen, sind dies echte Drecksdinger, um mit ihnen fertigzuwerden. Der Unterschied ist der, daß sie nicht zum Schneiden gedacht sind – sie sind zum Stechen da, und das ist es, was sie tun werden. Eispickel, zerbrochene Flaschen, abgebrochene Billardstöcke, verschiedene Arten von Stiletts, angespitzte Haarnadeln/Kämme und Darts fallen alle in diese Kategorie.

Aufschlitzer (He, Jack The Ripper, lang nicht mehr gesehen. Nun aber zurück mit Dir in die Zeitmaschine, Macker.). Aufschlitzer machen Löcher in Dein Fleisch, aber sie machen es nicht sauber. Tatsache ist, daß sie es eher aufreißen – davon kann Deine Sonnenbräune versaut werden. Außerdem hinterlassen sie feuchte Flecken auf dem Teppich, die nur schwierig herauszubekommen sind. In der Aufschlitzerabteilung hast Du Schlüssel, Deckel von Konservendosen, die Rückseiten der Schneiden und Spitzen eines Messers, Gabeln, Sägen, zackige Glasscherben und Scheren.

Dies sind die einzelnen Kategorien. Es wird wirklich interessant, wenn Du anfängst, sie zu kombinieren.

Knüppel/Aufschlitzer. Dies könnte alles sein, von einem Brett, aus dem Nägel herausschauen, bis hin zu einem mittelalterlichen Streitkolben (Ein paar Freunde von mir und ich bauten diese nach. Wir stellten die Einzelteile in der Metallwerkstatt der Schule her und setzten sie zu Hause zusammen. Ich kenne einen Cop, der einen Typ angehalten hatte, und als er ihn aufforderte, aus seinem Wagen auszusteigen, fiel einer davon auf die Straße. Der Typ sah den Cop an und sagte: „Ich weiß nicht, wem das gehört." Dreistigkeit. Manchmal funktioniert es und manchmal ist es zu lächerlich, um es zu glauben.). In dieser Kategorie findest Du auch Spazierstöcke mit Metallspitze, Schlüssel an einer Kette (obwohl dies eher mit einem Dreschflegel als mit einem Streitkolben in Verbindung gebracht wird), Harken, Schaufeln und eine ganze Menge anderer Gartenwerkzeuge.

Aufschlag-/Aufschlitzwaffen. Gott, die Liste ist schier endlos! Denjenigen, denen Du eher begegnen wirst, sind verzierte Fingerringe, in der Hand gehaltene Schlüssel, alles, was zerbricht, wenn Du jemand damit triffst (z.B. eine Kaffeetasse), eine lange Reihe von Handwerkzeugen, geworfene, zerbrochene Flaschen und geworfene Shuriken. Eine weitere Sache in dieser Kategorie sind Peitschen, mit denen, nebenbei gesagt, saumäßig schwierig fertigzuwerden ist.

Die nächste Gruppe besteht aus festen und flexiblen Waffen. In den Händen von jemandem, der weiß was er tut, können beide sehr wirkungsvoll eingesetzt werden.

Feste Waffen. Alles, was seine Form behält, wenn es eingesetzt wird: Baseballschläger, Flaschen, Pfannen, Knüppel, Messer, Tische und all diese Dinge sind dafür qualifiziert.

Flexible Waffen. Mit diesen erfordert es eine Menge an Übung, um für mehr als nur den ersten Schlag gut zu sein. Wenn Du Dich jedoch an sie gewöhnt hast, können sie wirklich verheerend sein. Da sie flexibel sind, können sie entweder Nahdistanz-, Langdistanz- oder Wurfgeschoßwaffen sein. Wickel sie für den Einsatz in der Nahdistanz um Deine Knöchel, schleuder sie heraus für den Einsatz in der Langdistanz, oder wirf sie um die Beine von jemandem, der läuft, und sie wird zu einem Wurfgeschoß. Zumindest können sie Aufschlags-/unbeweglichmachende Waffen sein. In dieser Kategorie gibt es Peitschen, Ketten, Seile, Nunchakus, Jo-Jo's, Monkeyballs (im Grunde genommen ist es ein aus Seil hergestellter Dreschflegel), Biker-Brieftaschen, an Ketten hängende Schlüssel und Gürtel.

Dies sind einige der Waffen, denen Du in einer Notsituation begegnen magst. Es gibt noch viele andere. Was Du machen mußt (es sei denn, Du liebst böse Überraschungen), ist, die Grundlagen, von denen ich Dir erzählt habe, zu nehmen, loszugehen und zu sehen, wie sie sich bei dem, was um Dich herum vorhanden ist, anwenden lassen. Ein Muschelfischer in Maine wird andere Dinge um sich herum haben als ein Ölbohrarbeiter in Texas. Diejenigen von euch in der Stadt haben andere Möglichkeiten als diejenigen von euch auf dem Land (Entschuldigung: „...die uff'm Lande"). Wie Du es auch drehst und wendest, was Du tun mußt, ist, loszugehen und zu versuchen, die Dinge in einem neuen Licht zu sehen: In welche Kategorien fallen sie?

Der nächste Schritt ist, darüber nachzudenken, wie Du sie in einem tatsächlichen Notfall einsetzen würdest. Dies bedeutet defensiv, nicht offensiv. Nicht bloß, wie Du damit angreifen würdest, sondern wie Du Dich damit verteidigen würdest. Überraschung! Eine zerbrochene Bierflasche ist keine gute Verteidigung gegen jemand mit einem Knüppel. Besonders dann nicht, wenn der Typ schlau genug ist, nicht zu nah heranzukommen. Was wirst Du tun, wenn er den Knüppel schwingt? Ihn mit der Flasche abblocken? Oh, Junge, daß würde aber interessant werden, was?

Diese Denkweise führt zum dritten und wichtigsten Schritt in Deinem Denkvorgang. „Wie kann man all diesen Arten von Waffen einen Strich durch die Rechnung machen?" Hier ist ein wichtiger Ratschlag dazu – verbringe eine lange Zeit mit diesem Schritt. Ein Hauptunterschied zwischen mir und einigen von diesen Machoscheißer-Kampfkunsttypen, die nichts anderes als Angriffe zeigen wollen, ist der, daß ich das Kämpfen nicht mag. Es ist für mich kein Machosportler-Spiel. Der Grund dafür ist, daß es dort, wo ich herkomme, keine sogenannten „freundschaftlichen Kämpfe" gab. Wir gingen dort rein, um den Scheißer zu verletzen. Diese Einstellung führte zu einigen ernsthaften Verlusten. Ich rede nicht von Verwundungen, sondern von Beerdigungen. Diese männlichen Männer sind niemals wirklich am empfangenden Ende dieser Scheiße gewesen. Eine Woche im Krankenhaus und einen Monat außer Dienst wird jedermanns Schwanz sehr schnell wieder an seinen alten Platz bringen.

So ist das mit den Waffen. Der andere Typ wird nicht dastehen, während Du Dich bereit machst, eine Technik anzubringen – er wird genauso schnell etwas gegen Dich vorbringen wie Du es gegen ihn vorbringst. Deshalb mußt Du, wenn Du es mit Waffen zu tun hast, wirklich mehr über die Verteidigung als über den Angriff wissen. Wenn Du weißt, wie eine Waffe funktioniert, kennst Du ihre Stärken und Schwächen. Das bedeutet, daß Du verhindern kannst, daß sie Dir in Deinen Händen durcheinandergebracht wird, Du sie aber in den Händen anderer Leute durcheinanderbringen kannst.

Nun, Mädels und Jungs, kommt das wirklich Gute. Wenn Du mein erstes Buch gelesen hast [2], wirst Du wissen, daß ich all die unterschiedlichen Angriffsarten in nur vier Kategorien unterteilt habe. Dies macht es sehr einfach, die Grundlagen zu begreifen. Das Gute, von dem ich gesprochen habe, ist, daß das gleiche mit Waffen gemacht werden kann. *Wenn Du ein Verständnis dafür hast, was die unterschiedlichen Waffenarten mit sich bringen, kannst Du so gut wie alles in die Hand nehmen und einsetzen, um zu überleben.*

2) *Billige Tricks, Hinterhalte und andere Lektionen: Ein grundlegendes Handbuch über die Selbstverteidigung und das Überleben.* Neuauflage 2001, Michael-Kahnert-Verlag, ISBN 3-933253-06-3

Die Grundlagen des Langstock-/Speerkampfes lassen sich für alles anwenden, was Du auf die selbe Weise einsetzt. Die Grundlagen des Yawara-Stockes verändern sich nicht, nur weil Du statt dessen eine Papierrolle voller Geldmünzen einsetzt. Hierbei entdeckst Du überall, daß diese kleinen Punkte wahr sind. Wenn Du ein Verständnis von der grundlegenden Waffenart hast, wirst Du wissen, wie Du das, was auch immer Du gerade in diesem Moment ergreifst, einsetzt. So lasset uns denn nun einen Blick auf die unterschiedlichen Arten der Waffen werfen! Aha, aha, aha!

LANGSTOCK, STANGENWAFFE UND SPEER

Du bist doch kein Affe. Benutz ein Werkzeug.

Eine ehemalige Freundin von mir, sich auf eine Schrotflinte beziehend.

Diese drei Waffen werden aus einem einfachen Grund gemeinsam besprochen: Viele der Techniken sind gleich. Allerdings sind sie unterschiedlich genug, um verwirrend zu sein, wenn Du über sie liest. Viele Leute glauben, daß es da keine großen Unterschiede gibt, bis sie mit einem Speer ausgeschaltet werden, der wie ein Langstock benutzt wird, oder von einem Langstock, der wie ein Speer benutzt wird. Dann geht ihnen ein Licht auf (Du weißt schon, der weiße Blitz in Deinem Kopf, wenn Du zu Boden geschlagen worden bist.). Laß uns also für einen Augenblick eine Haarspalterei betreiben.

Ein großer Stock mit nichts anderem an seinem Ende ist ein Langstock. Damit kannst Du so tun, als ob Du Robin Hood wärst, der es mit Little John austrägt. Langstocktechniken sind im allgemeinen große Kreise, die viel Platz erfordern. Es ist zwar eine Langdistanzwaffe, aber gewissermaßen auch eine Nahdistanzwaffe (falls dies überhaupt einen Sinn macht). Für die Beweisaufnahme aber noch dieses: Ein Langstock ist eine reine Aufschlags-/Knüppelwaffe. Du nimmst einen davon ganz schlicht und einfach, um jemandem damit eins draufzuhauen.

Nun schmücken wir es weiter aus. Aber, um es einfach zu halten, bleiben wir in einfachen Kategorien. In Wirklichkeit vermischen sich diese Kategorien miteinander (Zum Teufel, um die Wahrheit zu sagen, es ist verwirrender, als in einer Orgie die einzelnen Körperteile auseinanderzuhalten.).

Ein Speer ist entweder ein angespitzter Stock oder aber ein Stock mit irgendeiner daran befestigten Form von Spitze. Es sind Langdistanzwaffen mit einer Spitze, mit denen Du zustößt oder zustichst und ganz allgemein die Leute aus weiter Entfernung belästigst. Die Technik besteht zum größten Teil aus engen Kreisen, wodurch sie in engen Räumen, wie Fluren und Gassen, handlich sind.

Stangenwaffen sind eine seltsame Spezies. Sie reichen von etwas, daß so aussieht, als ob jemand mit Klebeband eine Bowiemesserklinge an einen Besenstiel geklebt hat, bis zu etwas, daß so aussieht, als ob jemand an einem Stock einen Magnet befestigt und diesen dann in einen Haufen Metallschrott gesteckt hat. Obwohl sie zum Stechen eingesetzt werden können, bestehen die meisten der Techniken aus Schnitten und Hieben. Es sind kreisförmige Bewegungen, aber unter Einbeziehung von Schlägen. Die Größe der Kreise ist kleiner als bei den Langstöcken, jedoch größer als bei den Speeren. Die Grundform nennt man Gläfe, während die komplizierteren Axt/-Hammer-/Eispickel-/Haken-/Stachel-/Klinge-/Zacken-Formen so viele unterschiedliche Namen tragen, wie sie komische Formen haben. Ich werde sie einfach alle Gläfen nennen. Technisch gesehen sind Speere ebenfalls Gläfen (was grundsätzlich eine Waffe auf einem Stock bezeichnet), aber ich möchte die Sache für eine Weile einfach halten.

Ein historischer Rückblick

Während der Geschichte brachte die Menschheit alle möglichen Methoden hervor, um jemand in den Hintern zu stechen, ohne ihren eigenen zu dicht heran zu bringen. Mit ein wenig Vorstellungskraft fingen sie an, alle Arten von Mist in der Spalte B hinzuzufügen.

In Europa fingen sie damit an, Dinge hinzuzufügen, die Dich in Scheibchen und Würfel schnitten, zermalmten, einfingen, verstümmelten und zerstückelten. Dies fing mit einfachen Piken an (grundsätzlich ist es ein 5 m langer Speer). Sie brachten etwa vier Reihen von Typen hintereinander, die damit auf ein paar idiotische Ritter zielten (Ritter hatten die Angewohnheit, vorzustürmen und die Bauern kurz und klein zu hacken. Auf einem Pferd an eine Wand aus Piken heranzugehen war wie eine Freiwilligmeldung, aus sich ein Nadelkissen machen zu lassen. Dies brachte gewissermaßen die ritterlichen Schwänze sehr schnell wieder zurück in Reih und Glied.). Dann kamen Hellebarden (grundsätzlich eine Axt-Speer-Mischung), Gläfen (auf Stöcken sitzende Klingen, die entweder Haken, Stachel oder beides zum Einhaken, Einfangen und Abschneiden von Köpfen, Armen, Beinen und anderen Teilen von übermütigen Dummköpfen hatten), Partisanen (verbesserte Speere mit Zinken, die verhinderten, daß der Typ zu weit auf der Waffe aufgespießt wurde), Hämmer (Jawohl, gegen einen Mann in einer Rüstung war ein Streithammer wirkungsvoller als ein Schwert – er beulte dem Typ nicht bloß seinen Helm ein, sondern sein Stachel drang durch ihn hindurch und brachte dem Macker eine ziemlich große Beule im Hirn ein.) und Cul de Sac/Menschenfänger (Im Grunde genommen eine mit Stacheln versehene, hufeisenförmige Fangstange, deren Stacheln sich in den Typ hineinbohrten, so daß Du ihn von seinem Pferd ziehen konntest, wo Deine Kumpels darauf warteten, ihn sehr schnell zu Hackfleisch zu verarbeiten.).

Im Orient brachten sie ebenfalls einige ziemlich abgedrehte Dinger heraus. Dinge wie Tigergabeln (große, dreizackige Gabeln, die sie wirklich dazu verwendeten, um damit Tiger zu jagen, bis sie entdeckten, daß sie sich damit genauso gut gegenseitig jagen konnten), Naginatas (eigentlich eine Samuraischwertklinge, die jemand mit Klebeband an einen Besenstil geklebt hatte), Hokos (Eine abgedrehte Mischung aus Speer und Fausthandschuh. Der Speer hat eine daumenartige Klinge, die im rechten Winkel absteht – ich schwöre, es sieht aus wie ein Fausthandschuh.), Kumade (Ja, die Japaner brachten eine Kriegsharke hervor – ungelogen, es ist eine Harke.) und Yawari (Gattungsmäßig der japanische Name für Speere, aber sie brachten einige abgedrehte Dinger heraus – einige von diesen Dingern sehen so aus, als ob sie Spitzzangen, Shuriken, Gabeln und Konservendosendeckel an Speere angeklebt hätten.).

Im Westen sind die meisten der Techniken darüber, wie man mit Langstöcken und Speeren kämpft, verlorengegangen. Unser Militär entschied sich dafür, daß es einfacher ist, die Leute zu erschießen und zu bombardieren. Gut für sie – sie können sich Flugzeuge leisten, um die Bomben zu tragen. Ich muß das Scheißding selbst tragen, wenn ich es auf jemand fallen lassen möchte (dabei mit der Druckwelle fertigzuwerden ist ebenfalls eine kleine Mordsarbeit). Da daß Militär also mehr Geld hat als ich, um es für nette Spielzeuge auszugeben, werden wir mit dem mangelnden Wissen über den richtigen Gebrauch einer Stangenwaffe leben müssen.

Der Großteil des formalen Wissens, das wir über diese Kampftechniken haben, stammt aus Asien. In vielen Fällen ist das, was gelehrt wird, zu förmlich. Wenn Du eine speer- oder gläfenartige Waffe hast und jemand dringt in Deine Deckung ein, solltest Du besser wissen, wie man verdammt schnell zu einer Langstocktechnik überwechselt.

Griffhaltungen

Es gibt zwei Grundgriffe, die Du hier einsetzen kannst. Ich bin sicher, daß sie genaue Namen haben, aber seit ich mal betrunken war und mich auf einer Kirchenschnitzerei erbrochen habe, kümmere ich mich wirklich nicht mehr darum, es so genau zu nehmen. Ich nenne sie den asiatischen und den europäischen Griff. Diese Griffe sind nicht fest in Stein gemeißelt. Vom unmittelbaren Gebrauch abhängig, kann vom einen zum anderen hin und her gewechselt werden.

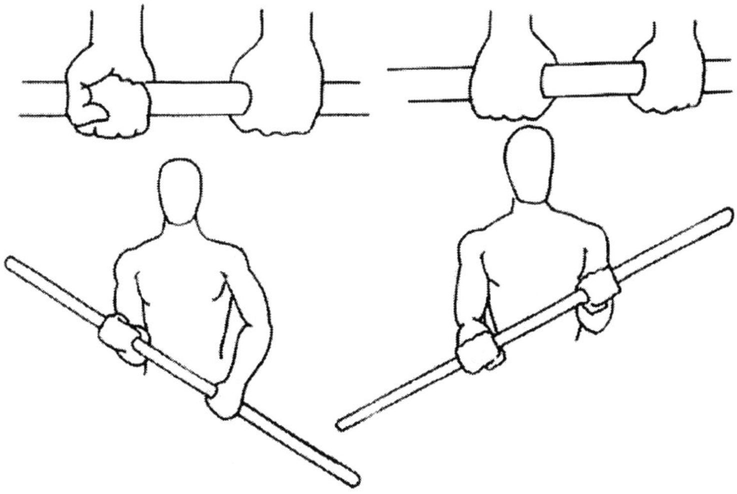

Die europäische und die asiatische Langstockgriffhaltung. Europäisch (links) mit den Händen in entgegengesetzter Haltung. Asiatisch (rechts) mit den Händen in gleicher Haltung.

Ich bevorzuge eine Kombination aus beiden, wobei ich dem europäischen mehr zugeneigt bin. Der Grund dafür, warum ich ihn mag, ist der, daß es

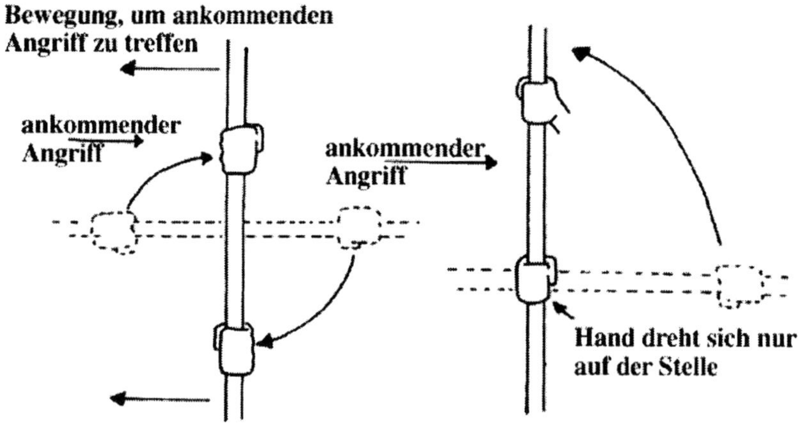

Stockdrehung. Das Modell links, bei dem sich beide Hände bewegen, ist nicht so heiß. Rechts wird die bevorzugte Technik gezeigt, bei der eine Hand fest stehenbleibt.

schwerer ist, daß Deine Waffe Dir aus Deinen Händen geschlagen wird. Dies ist etwas, was häufig passiert, wenn Du mit einem Langstock gegen einen Langstock kämpfst. Es gibt dabei auch einen Trick, den Du anwenden kannst (den ich später erklären werde) und der es Dir ermöglicht, hiermit härter zuzuschlagen, als Du es mit dem asiatischen Griff tun kannst.

Die wichtigste Sache, die Du über den europäischen Griff wissen mußt, ist, daß er ein Langdistanzgriff ist, wie für die Speer- und Stangenwaffendistanz, welche 90-180 cm weit reicht. Auf diese Entfernung ist es eine ehrfurchtgebietende Kraft, gegen die man sich zu behaupten hat. Falls der Typ jedoch innerhalb der 90 cm eindringt, solltest Du zum asiatischen Griff übergehen.

Dies ist eine neue Kampfdistanz, die sich die „nahe Distanz" nennt (vom Begriff her im genauso großen Widerspruch stehend wie der Begriff „militärischer Nachrichtendienst"). Wie dem auch sei, die Nahdistanz ist Langstocknahkampf, und hierbei ist der asiatische Griff die bessere Wahl. Der Grund dafür ist einfach – in dieser Enge ist der europäische Griff ätzend. Ich meine damit, daß, abhängig davon, welche Hand oben oder unten gehalten wird, Deine Blocktechniken zu einer Seite hin ernsthaft ungelenk sind. Für den Fall, daß Du es nicht weißt: *Das würde schlecht sein.* Der asiatische Griff wird Deine Arme nicht überkreuz bringen – kurz gesagt ist er schnell genug, um mit einer sich schnell verändernden Situation umzugehen, ohne Dich wie eine Brezel zu verknoten.

Allerdings hat der asiatische Griff in sich die Möglichkeit für ein große Panne eingebaut. Wenn Du ihn einsetzen willst, mußt Du mit den Winkeln Deiner Blöcke genauer sein, oder der Aufprall wird Dir Deine Waffe aus Deinen Händen schlagen.

Stockdrehung

Ein Hauptaspekt des Langstockkampfes ist die Drehung des Stockes. Die meisten Leute bewegen beide Hände, wenn sie versuchen, mit einem Langstock abzublocken. Dies brauchst Du nicht tun und solltest es auch nicht wirklich wollen. Der Grund dafür, daß Du es nicht tun solltest, ist einfach der, daß es länger dauert. Bei allem, was länger dauert, läufst Du Gefahr, daß Dein Kopf über die nächste Staatsgrenze geschlagen wird. Schau Dir in der Zeichnung an, was ich damit meine. Grundsätzlich bleibt die Hand an der Seite, von der aus der Angriff herankommt, fest an ihrem Platz. Es ist die andere Hand, die die Bewegung ausführt.

Stellungen

Stangenwaffen funktionieren am besten im offenen Raum. Sich in einem Korridor von etwa 1,5 m Breite und 3 m Höhe vorzustellen, ist genau richtig, um damit zu arbeiten. Dies verschafft Deiner Spitze Platz zum Arbeiten. Mit Langstöcken benötigst Du ein ordentliches Stück an Platz, wie z.B. leere Parkplätze, denn anders als bei Stangenwaffen und Speeren setzt Du beide Enden Deines Stockes ein, um den Trottel zu erwischen. Du schwingst mit einem bis zu 2,5 m langen Knüppel herum. Also ist es erforderlich, das gute Porzellan aus dem Weg zu räumen. Speere benötigen einen begrenzteren seitlichen Raum, aber sie sind gewissermaßen darauf versessen, nach vorn und hinten Bewegungsspielraum zu haben (Tatsächlich trifft das selbe auf den Stangenwaffenkorridor zu – auch er benötigt die Tiefe.). Dies kommt daher, weil Speere zum Zustoßen gedacht sind und im Operationsraum weniger Breite benötigen.

Wenn Du Dich in einer räumlich eingeschränkten Situation wiederfindest, mußt Du Deine Technik dementsprechend anpassen. Dies bedeutet, daß Du Deinen Langstock vielleicht wie einen Speer einzusetzen haben wirst. Du magst nicht in der Lage sein, damit zuzustechen, jedoch kann das Ende eines Stockes jemand ziemlich gut abservieren, wenn es wie ein Speer benutzt wird. Sieh Dir die Unterschiede zwischen der Langstock- und der Stangenwaffen-/Speerstellung an und überlege, warum sich ein enger Flur störend auf sie auswirken wird.

Beachte, daß sowohl die Langstockstellung (links) als auch die Stangenwaffenstellung (rechts) Vorwärtspferdestellungen sind. Nur die Rumpf- und Armhaltungen wechseln.

Blocken und Parieren

Es gibt im Langstock-, Speer- und Stangenwaffenkampf ein paar unterschiedliche Schulen des Denkens bezüglich der Anzahl der Block-/Parade-Sektoren (Sektoren sind Bereiche – bestimmt durch gedachte Linien, die um Deinen Körper herum gezogen sind – in denen Blöcke und Paraden funktionieren). Sie reichen von vier bis fünfzehn (Übrigens ist der Unterschied zwischen einem Block und einer Parade der, daß ein Block einen Angriff abstoppt, während eine Parade ihn ablenkt. Bei beiden Methoden wirst Du nicht getroffen. Ich werde später näher darauf eingehen.). Die kleinere Zahl richtet sich mehr auf die Grundblocktechniken mit einem Langstock, während die höhere Zahl sowohl Blöcke als auch Paraden beinhaltet und sich mehr auf Stangenwaffen stützt. Ich persönlich stimme für die Zehn-Sektoren-Schule als fröhliches Mittelding, aber nur, weil ich paranoid und daran gewöhnt bin, mit Leuten zu kämpfen, die die selben häßlichen Dinge kennen und tun wie ich.

Die Vier-Sektoren-Schule

Die Vier-Sektoren-Schule ist besser geeignet für das Fertigwerden mit geschwungenen Angriffen. Deswegen sagte ich, daß sie mehr für die reine Langstockarbeit gedacht ist, z.B. dann, wenn Du von jemandem angegriffen wirst, der nicht wirklich weiß, was er tut. Sie ist ziemlich leicht aufzugliedern: linke Seite, rechte Seite, hohe Deckung und tiefe Deckung bzw. nach oben und nach unten.

Wie Du sehen kannst, deckt sie die Seiten, den Kopf und die Nüsse ziemlich gut vor wilden Stockschwüngen ab. Achte nun auf die Art der Griffhaltungen, die auf diesen Zeichnungen verwendet werden, weil dies die besten

oben/unten

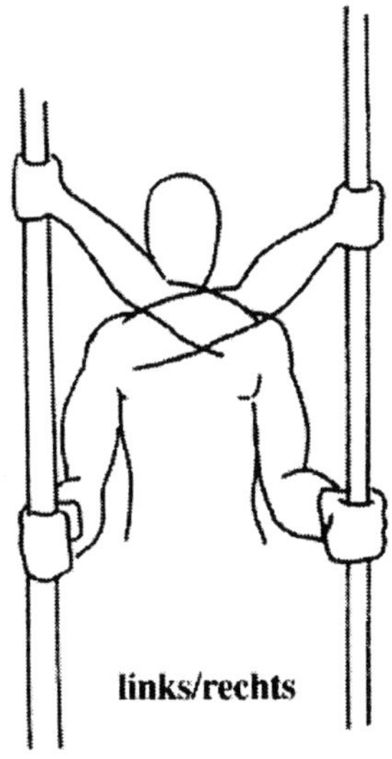

links/rechts

Die vier Grundblocktechniken der Vier-Sektoren-Schule.

Griffe sind, um in diese Blockpositionen zu kommen. Später werde ich darauf hinweisen, wann diese Griffe mistig werden.

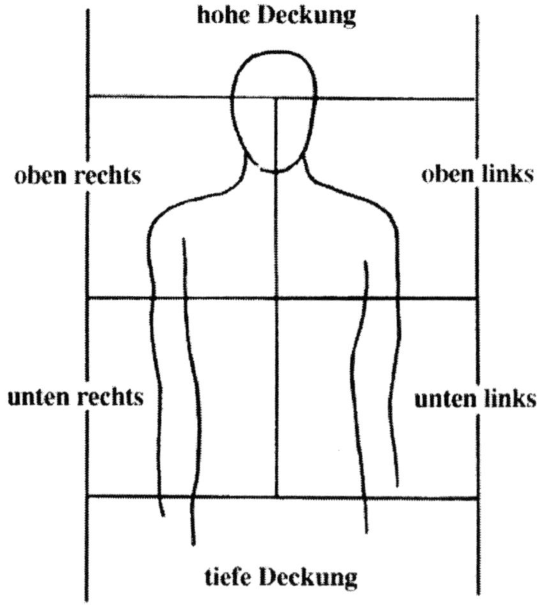

Die sechs Block-Sektoren.

Die Sechs-Sektoren-Schule

Andere Leute unterteilen nun die vier Grundblocktechniken weiter in sechs Sektoren: oben links, unten links, oben rechts, unten rechts, hohe Deckung und tiefe Deckung.

Diese Leute mögen es, mit dem Teil der Waffe abzublocken, der zwischen ihren Händen liegt. Obwohl Du dabei das Risiko eingehst, eins auf Deine Pfoten zu bekommen, nimmst Du ebenfalls den Treffer mit dem stabilsten Teil Deiner Waffe entgegen. Ein Problem bei der Vier-Sektoren-Theorie ist folgendes: Wenn jemand dicht am Ende Deines Stabes trifft, kann die Mischung aus Aufschlag und Hebelwirkung die Waffe aus Deiner Hand schlagen. Durch den Einsatz der Sechs-Sektoren-Verteidigung kannst Du das Risiko, daß dies passiert, verringern. Aber Du mußt auch sorgfältiger bei der Plazierung Deiner Hände sein.

Die Zehn-Sektoren (und mehr)-Schulen

Die Zehn-Sektoren-Theorie geht nicht bloß mit Blöcken um, sondern auch mit Paraden. Diese Schule beginnt sich mit dem Stangenwaffenkampf zu vermischen. Wenn Du die Sechs-Sektoren-Theorie nimmst und diese vier Parade-Sektoren hinzufügst, kommst Du auf zehn.

Dies sind die vier grundlegenden Speer-/Stangenwaffen-Paraden. Einige Leute gehen an dieser Stelle zu einer feineren Unterteilung über, indem sie die vier äußeren Parade-Sektoren (siehe Abbildung unten auf dieser Seite) in neun Sektoren unterteilen – links oben, links mittig und links unten, obere Mitte, mittlere Mitte und untere Mitte, und rechts oben, rechts mittig und rechts unten – was zu der Zahl fünfzehn führt (Es funktioniert, aber ich denke, es ist einfach zu detailversessen. Ich variiere einfach die Größe der Paraden, damit sie sich überschneiden. Es funktioniert gut für mich, aber Du magst Dich vielleicht wohler fühlen mit den fünfzehn, weshalb ich sie erwähnt habe.).

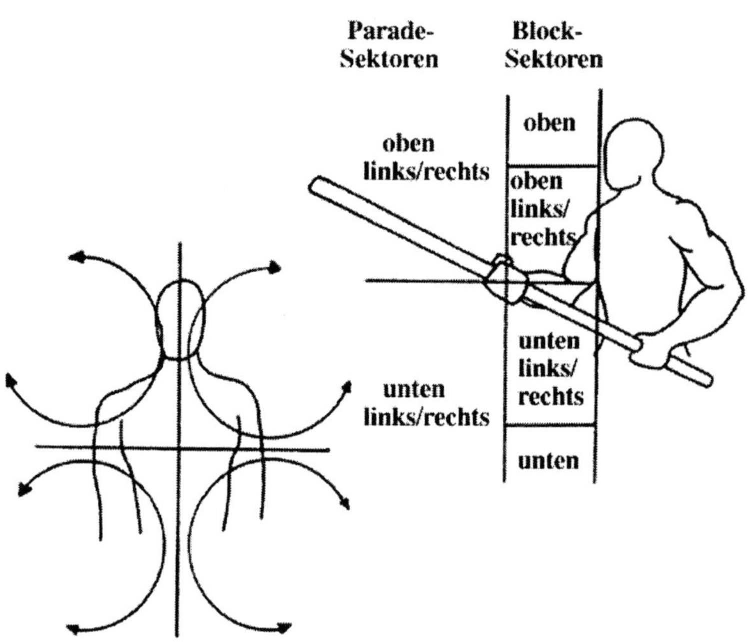

Die Vorder- und Seitenansicht der vier äußeren Parade-Sektoren und die sechs Block-Sektoren der Zehn-Sektoren-Schule.

Der richtige und der falsche Weg

Wie ich vorhin gesagt hatte, liegt der Unterschied zwischen einem Block und einer Parade darin, daß ein Block einen Angriff abstoppt, während eine Parade ihn ab- bzw. umlenkt. Zum größten Teil setzt Du Blöcke ein, um geschwungene

Angriffe abzustoppen, und Paraden, um gestoßene Angriffe abzustoppen, obwohl sie im begrenzten Maße manchmal austauschbar sind. Mit anderen Worten funktionieren sie manchmal bei Dingen, bei denen eigentlich nicht erwartet wird, daß sie es tun. Anders als Blöcke, die mehr halbkreisförmig sind, aber an einem bestimmten Punkt beendet werden, sind Paraden reine Kreise. Welche Körperseite Du schützt, wird bestimmen, auf welche Weise Du parierst – im oder gegen den Uhrzeigersinn (schau Dir die Zeichnungen unten auf dieser Seite an).

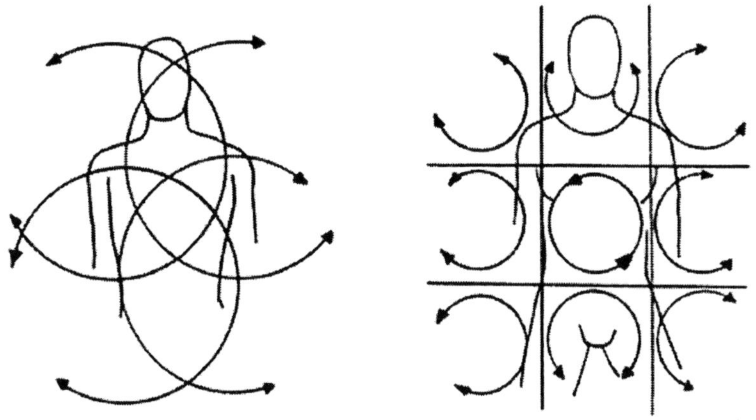

Hier sind in der rechten Abbildung die vier äußeren Parade-Sektoren weiter unterteilt worden in neun Sektoren. Links sind die vier äußeren Parade-Sektoren einfach so vergrößert worden, daß sie sich überschneiden.

Der Grund dafür, warum die erste Methode als richtig angesehen wird, ist, daß auf diese Weise ausgeführte Paraden die Spitze der gegnerischen Waffe nach außen wegbringen. Dies bedeutet, daß die Waffe des Typs nicht mehr länger auf Dich gerichtet ist. Wenn sie weiter auf Dich zukommt, wird sie Dich verfehlen. Falls Du nach innen parierst, gehst Du das Risiko ein, daß der Typ immer noch nach innen gelangt. Dies bedeutet, daß er Dir in die rechte Brustseite sticht anstatt in die linke Seite, auf die er eigentlich gezielt hatte (Irgendwie habe ich so meine Zweifel daran, daß er aufhören wird, um Dir zu sagen, daß es nicht zählt, weil es ja nicht das war, auf was er gezielt hatte. Also, wenn Du diese Dinge übst, denk daran, den Angriff nach außen hin abzulenken.).

Nun werde ich einen der berühmten Animal-Purzelbäume schlagen. Du *kannst* in der Art und Weise parieren, von der ich Dir gerade eben gesagt habe, es nicht zu tun. Tatsächlich solltest Du es sogar üben. Die Wahrheit ist, daß Du ab und zu einmal in einem Kampf etwas völlig dämliches tun mußt – Sachen wie nach innen zu parieren, Deine Waffe fallenlassen, einem Gegner Deinen Rücken zudrehen, eine Lücke in Deiner Deckung lassen usw. Ich sage den Leuten immer, daß Kämpfe unvorhersehbar sind, aber daß ich eine Sache darüber vorhersagen kann – früher oder später wird irgend etwas Unvorhersehbares passieren.

Deswegen solltest Du wissen, wie Du mit Innenparaden umzugehen hast. Es ist eine Sache des Verständnisses für die Gewinnwahrscheinlichkeiten: In vier von fünf Fällen wird eine Innenparade funktionieren, um einen Stoß abzustoppen. Es ist dieses fünfte Mal, das so ein Miststück ist. Da Du leider nur vier Freikarten hast, solltest Du besser sparsam damit sein, sie einzusetzen. Falls Du herumschlampst und sie dauernd einsetzt, wird es dann, wenn Du sie wirklich brauchst, das fünfte Mal sein (dies ist nicht mein, sondern Murphy's Gesetz).

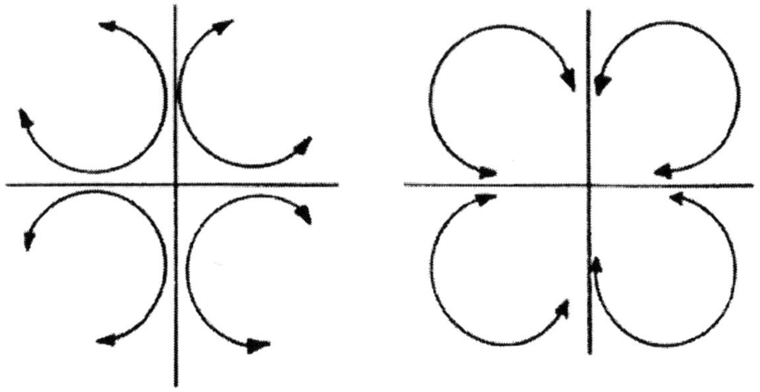

Die Parade auf der linken Zeichnung ist korrekt. Falls Du wie auf der rechten Zeichnung nach innen parierst, gehst Du das Risiko ein, Deinem Gegner zu erlauben, nach innen zu gelangen und Dich in Deine rechte Seite zu stechen. Dies war zwar nicht die Seite, auf die er eigentlich gezielt hatte, aber was soll's...

Was dieser Art von Situation normalerweise folgt, ist, daß der Typ seine Position Dir gegenüber verändert oder etwas so abgedrehtes macht wie einen doppelten Vorstoß. Plötzlich findest Du Dich – nachdem Du eine „richtige“ Bewegung

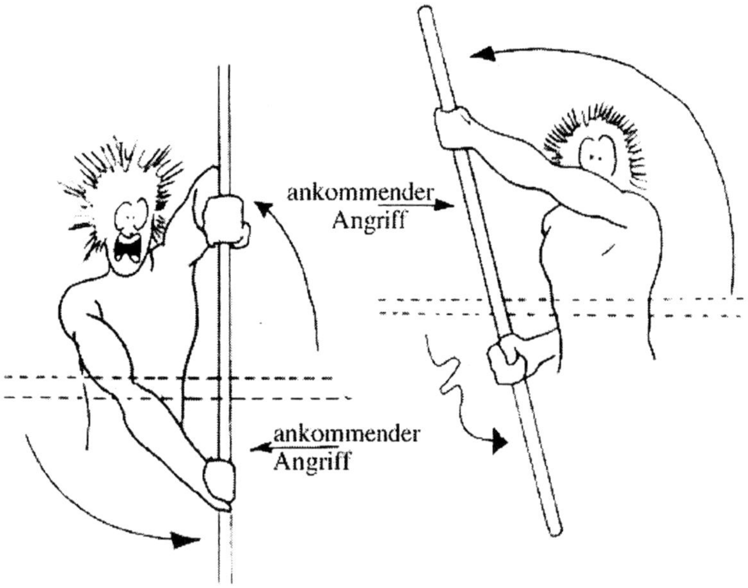

Sektoren der Unbeholfenheit bei dem europäischen Griff.

gemacht hast – noch immer mit einer auf Deinen Bauch gerichteten Waffenspitze wieder. Okay, es ist an der Zeit für Improvisationen. Die Methode, mit der ich etwas handhabe, von dem ich weiß, daß es gefährlich ist (wie beispielsweise eine Innenparade), ist, zum Ausgleich dafür Beweglichkeit hinzuzufügen. Ja, ich mach eine Innenparade, ich bring dabei aber auch meinen Hintern aus der Schußlinie.

Eine ähnliche Ausnahme von der Regel kommt beim Abblocken eines Stoßes vor. Im allgemeinen sind Paraden besser gegen ein Zustoßen zu gebrauchen als Blöcke, genauso wie Blöcke besser als Paraden gegen Schwünge und Hiebe einzusetzen sind. Diese Regel kann jedoch verletzt werden, und hier und da wirst Du es tun müssen. Dann ist es an der Zeit, sich daran zu erinnern, wie man seitlich ausweicht. Wozu diese Handlung oftmals führen wird, ist ein Abänderung im Gebrauch der Waffe. Wenn z.B. jemand eine Speer-/Gläfentechnik gegen Dich einsetzt und sich in so einer Art und Weise bewegt, daß Du eher zu blocken als zu parieren hast, besteht eine gute Chance, daß er sich in Langstockreichweite hineinbegibt. Dies bedeutet, daß Du die Möglichkeit hast, ihm eins überzubraten, oder daß Du selbst vorsichtig sein solltest vor solchen Versuchen, die in Deine Richtung abzielen.

Durch die sparsame Verwendung dieser „falschen" Techniken und durch das Hinzufügen der Beweglichkeit zum Ausgleich dafür, daß Du sie einsetzt, kannst du Deine Chancen auf einen fortdauernden Respirationsprozeß (Atmung) erhöhen.

Griff-Improvisation

Nun für einen Augenblick zurück zu den Griffhaltungen. Erinnerst Du Dich noch daran, daß ich gesagt habe, daß ich zwar den europäischen Griff dem asiatischen vorziehe, aber beide einsetze? Die Sache ist die, daß sie beide ernsthaften Dreck am Stecken haben. In den Zeichnungen des Verteidigungsabschnitts zeigte ich Dir die Griffe in ihren stärksten Formen zum Abblocken. Die Probleme mit diesen Griffen können in zwei Arten unterteilt werden: in Unbeholfenheit und einen Mangel an Kraft. Dies wird besonders dann augenscheinlich, wenn Du mit Langstöcken kämpfst.

Verteidigung

Wie ich vorhin erwähnt habe, ist der europäische Griff wegen seiner Anpassungsfähigkeit besonders nützlich im Stangenwaffen-/Speerkampf. Beim Langstockkampf gibt es jedoch bestimmte Angriffsbereiche, gegen die Du entweder einen großen Umweg machen mußt (dies erhöht ernsthaft Deine Chancen, eins auf die Hörner zu bekommen), oder Du endest damit, daß Du Deine Arme wie eine Brezel einwickelst. Dies ist es, was ich mit Unbeholfenheit meine, etwas, für das dieser Griff wirklich empfänglich ist. Die Bereiche der Unbeholfenheit hängen davon ab, welche Hand oben oder unten gehalten wird. Wirf einen Blick auf die Zeichnungen oben auf dieser Seite. Die schnellsten Drehungen führen zu einem Überkreuzen Deiner Arme, etwas, was Du wirklich nicht tun möchtest.

Wenn Du anstatt Dich selbst in Knoten zu legen den weiten Weg herum gehst, riskierst Du zwei Dinge. Das erste ist, daß Du nicht mehr rechtzeitig hinkommst (schmerzhaft). Das zweite ist nicht nur schmerzhaft, sondern geradezu peinlich. Oftmals wirst Du dabei den Langstock

Deines Gegners in Deine Verteidigung hineinspringen lassen. Dies bedeutet nicht nur, daß Du von seiner Energie getroffen wirst, sondern daß Du Deine eigene hinzufügst. Warum nimmst Du nicht gleich einen Hammer und schlägst Dich damit und ersparst dem anderen Typ den Ärger? Ohne Scheiß, Kumpel, es passiert genau so. Schau Dir das Bild rechts auf dieser Seite an und Du wirst sehen, wie es ablaufen kann.

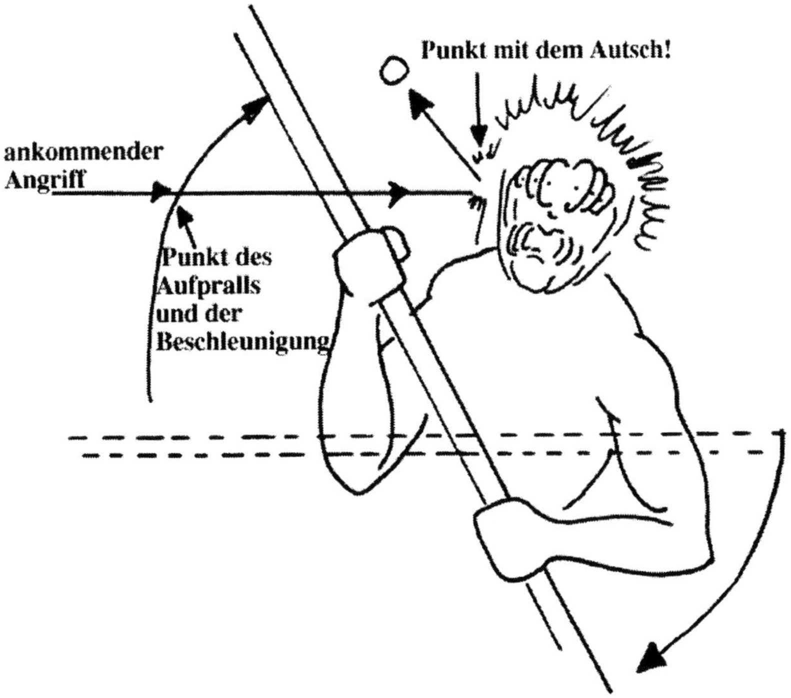

Die Physik, die dabei eine Rolle spielt, wenn Du Dich selbst triffst.

Für diejenigen unter euch, denen es darum geht, sich nicht selbst zusammenzuschlagen, gibt es glücklicherweise etwas, was Du tun kannst, um zu verhindern, daß dies zu oft passiert. Besonders in den Bereichen, in denen Du dieses Risiko eingehst, kannst Du in den Abschnitt nach außen parieren/schlagen, aus dem der Angriff auf Dich zukommt. Wenn Du seinen Langstock in der Nähe seiner Hände treffen kannst (oder für diesen Zweck seine Hand selbst), kannst Du ihm manchmal ernsthaft die Sache vermasseln. Das bedeutet, daß Du versuchst, den Angriff wenn möglich auf Speerdistanz wegzuhalten. Deshalb geh ich auf den Zehn-Sektoren-Verteidigungsplan ein, damit Du Deine Waffe herausstrecken und jemandem direkt eins aufs Mundwerk geben kannst. Falls der Typ jedoch zu dicht herankommt, magst Du vielleicht in Betracht ziehen, zum asiatischen Griff überzuwechseln.

Wenn jemand Deinen Langstock, den Du im asiatischen Griff hältst, wirklich hart trifft, kann er ihn sehr schnell aus Deinen Händen schlagen. Dies ist das Problem mit der fehlenden Kraft bei diesem Griff. Die einzige Sache, die die Waffe in Deinen Händen hält, sind Deine Daumen. Um diesem Dilemma zu entgehen, mußt Du auf eine ganz bestimmte Art und Weise abblocken. Unglücklicherweise wird Dein Gegner wahrscheinlich nicht so höflich sein und seine Angriffe so einschränken, daß sie Deinen Bedürfnissen entsprechen.

Kurz gesagt liegt die Schwäche des asiatischen Griffes in der Abwehr von abwärtsgeführten Schlägen. Dennoch ist er gut geeignet gegen einen von oben kommenden Schlag, der auf Deinen Kopf zielt, falls Du ihn richtig ausführst (wir werden in Kürze darüber sprechen). Da nicht alle abwärtsgeführten Schläge zu Deinem Kopf gehen werden, mußt Du Dich in Acht nehmen, wenn Du diesen Griff einsetzt. Genauso wie Köpfe können abwärtsgehende Schläge auch Knie, Nüsse und Schultern zerschlagen. Ein weiterer Punkt, bei dem die Schwäche dieses Griffes ins Spiel kommt, ist bei einem Doppelschlag. Sagen wir mal, jemand schlägt zu Deiner linken Seite und Du blockst ab. Bis zu diesem Punkt geht es gut. Kompliziert wird es dann, wenn der Typ mit einem zweiten Schlag zu Deiner rechten Seite nachfolgt. Solange Du nicht gleichzeitig die Stellung Deines Handgelenks veränderst, geht der Aufprall dorthin, wo Deine Daumen Deine Finger berühren, anstatt in Deine Arme hinein. Hier ereignet sich die selbe Sache wie bei einem abwärtsgeführten Schlag – es wird Dir die Waffe aus Deinen Händen schlagen. Wirf einen Blick auf die Zeichnungen auf der folgenden Seite.

Wenn Du also den asiatischen Griff benutzen willst, mußt Du Deiner Handgelenkarbeit mehr Aufmerksamkeit widmen, um zu verhindern, daß Dir Deine Waffe aus den Händen geschlagen wird. Ein letzter Punkt über den asiatischen Griff: Ich finde, daß er für den Stangenwaffenkampf ein wenig zu eingeschränkt ist. Tatsache ist, daß die meisten asiatischen Formen, die ich kenne, zum europäischen Griff übergehen, wenn sie Stangenwaffen einsetzen.

Eine Sache, die die meisten Leute vergessen, wenn sie mit Langstöcken kämpfen, ist, daß alle

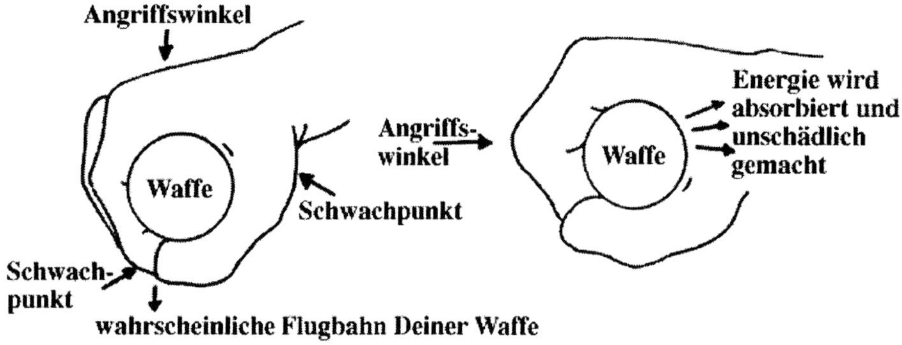

Absorbieren der Angriffsenergie über den Daumen, im Gegensatz zum Absorbieren über das Handgelenk.

Teile eines Langstockes eingesetzt werden können. Das bedeutet, daß Du nicht bloß mit den Enden schwingen und mit den Spitzen zustechen, sondern (ganz ehrlich) mit dem Mittelteil zustoßen kannst. Die meisten Leute werden an Dich herangehen, wenn Du eine Stange hältst und erwarten, daß Du damit schwingst. Was sie nicht erwarten, ist ein beidarmiger Stoß, der trotzdem den Langstock benutzt, um ihnen ihre Zähne in den Rachen zu schlagen.

Angriff

Okay, ich bin weit genug zu den defensiven Gesichtspunkten der Griffe abgeschweift. Laß uns nun offensiv werden! Wenn es um Angriffe geht, gibt es einige Dinge, die von der Art und Weise der Griffhaltung, die Du auswählst, beeinflußt werden. Kleinere Dinge wie Schnelligkeit, Kraft, Beweglichkeit und Anpassungsfähigkeit, nichts von wirklicher Bedeutung, stimmt's? VON WEGEN! Leute, der Griff, den ihr auswählst, beeinflußt dies alles.

Der asiatische Griff setzt beim Schlagen mehr auf die Armkraft. Bei Langstocktechniken schlägst Du kurz und läßt den Langstock einen weiten Schlag ausführen. Langstöcke sind relativ langsam, wenn sie im asiatischen Griff gehalten werden (So als ob eine .45er Automatik im Verhältnis zu einer 9 mm Para langsam ist. Laß Dich hiervon nicht zum Narren halten.).

Eine Methode, um Langstockschläge stärker und schneller zu machen, ist diese: Während Du mit dem einen Arm zuschlägst, ziehst Du den anderen zurück. Dies bringt den Drehpunkt an einen Punkt zwischen Deinen Händen und vergrößert so die Kraft. Wenn Du dies nicht tust, wird die Hand, die nicht schlägt, zum Drehpunkt. Dies kann Deinen Schlag störend beeinflussen, falls Dein Timing nicht stimmt. Es kann sowohl wie ein Anker als auch wie ein Drehpunkt fungieren, was zwar gut für Blöcke, aber nicht so heiß für Schläge ist.

Ich mag den europäischen Griff, weil er, auch wenn er in der Langstockverteidigung gewissermaßen spastisch wirkt, in der Offensive ein wirklicher Knaller ist. Es gibt zwei Variationen von diesem Griff – Angriff und Verteidigung. In der Verteidigung hältst Du den Langstock fest, als ob Dein Leben an ihm hängt. Aber wenn Du angreifst, sollten Deine Hände so über den Langstock gleiten, als ob er eine hübsche und willige Frau wäre. Indem Du Deinen Griff lockerst und dann verschiebst, kannst Du zu allem überwechseln, von Langstock, Speer und Stangenwaffe bis hin zu einem gigantischen Baseballschläger. Ich meine damit, daß dieses Ding anpassungsfähig ist – und *schnell.*

Nun zu dem Trick, den ich vorhin erwähnt hatte, als wir zuerst zu den Griffhaltungen kamen. Er wird Peitschentechnik genannt (Nein, hat nichts mit Bondage zu tun! Tssss, was Du Dir nur denkst!). Mit der richtigen Mischung kannst Du Deinen Langstock/Stangenwaffe/Speer in so etwas wie eine gigantische Fliegenklatsche verwandeln. Es ist irre schnell, trifft härter und ist unberechenbarer als ein betrunkener Texaner. Du hältst Deine vordere Hand locker (mit Ausnahme Deines Daumens und des Zeigefingers, mit denen Du die Waffe schön fest umschließt). Dies verwandelt diese Hand in den Drehpunkt für die gesamte Operation. In der Zwischenzeit wackelt Deine hintere Hand herum wie eine Schlange auf einer heißen Herdplatte. Wenn Du es auf die Stangenwaffenkampfform überträgst, bekommst Du einen etwas aus dem Gleichgewicht geratenen Sanduhr-Effekt. Dies bedeutet, daß sich Deine hintere Hand um 8 cm seitlich bewegt, während sich das vordere Ende Deiner Stangenwaffe aber um 90 cm seitwärts bewegt!

Wenn Du diese Technik wie mit einer Sägebewegung hin und her einsetzt, kannst Du jemandem seine Zähne in weniger als einer Sekunde lockern. Das kommt daher, weil alles, was Du zu tun hast, eine bogenförmige Bewegung von insgesamt etwa 15 cm ist, während sich das auftreffende Ende zur selben Zeit um fast 1,8 m in einem gleichartigen Bogen bewegt. Rate mal, welches Ende Deiner Waffe sich schneller bewegt und eine größere Aufschlagskraft pro Quadratzentimeter hat?

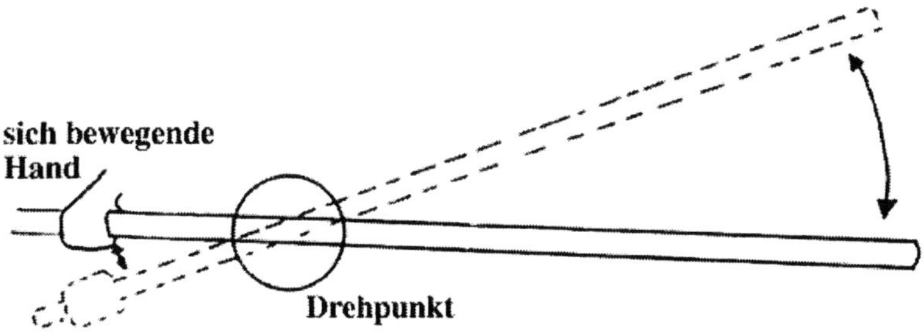

Sanduhr-Effekt.

Eine wichtige Sache, die man über jeden Aufschlag, sei er nun von Hand oder mit einer Waffe ausgeführt, wissen sollte, ist die Tiefe, in der er eindringt. Du möchtest, daß der Endpunkt Deiner Bewegung etwa 5 cm tief in dem Typ drinnen liegt. Dies bedeutet, daß Du Dein Schwingen, Hauen, Stechen, Schlagen, Stoßen oder Treten 5 cm innerhalb Deines Gegners stoppst. Das heißt, anstatt zu versuchen, ein Loch durch den Typ hindurch zu schlagen, gibst Du Deine gesamte Energie irgendwo zwischen seiner Vorder- und seiner Rückseite ab. Die meisten Leute bringen nun einen Schlag so an, daß der den Typ trifft und versucht, durch ihn hindurch zu schieben. *Nein, nein, nein!* Wenn dies passiert, wird der Schlag unterbrochen, bevor er er all seinen Dampf abgeben kann. Die meiste Energie wird am Endpunkt einer Aktion übertragen. Deshalb kann ich einen leichten Klaps härter anbringen, als die meisten Leute es mit einen Schlag tun können. Die Schläge der meisten Leute versuchen, den Körper wegzuschieben, wenn sie auftreffen. Es tut weh, aber es richtet nicht allzu viel Schaden an. Ein guter Angriff fühlt sich so an, als ob eine Ziegelsteinwand in Dich hineinknallt.

Bei der Peitschentechnik zielst Du mit dem Ende von der Waffe, welche Du auch immer einsetzt, auf Dein Ziel, und nicht auf die andere Seite des Typs. Dies sorgt dafür, daß der gesamte Dampf der Aktion abgegeben wird, anstatt sie zu unterbrechen. Außerdem erlaubt Dir dies, die Beweglichkeit der Waffe zu erhöhen. Jemand, der diese Technik einsetzt, kann nicht nur überallhin schlagen, sondern dies auch mehrfach tun. Die Spitze bewegt sich zu schnell, um sie zu beobachten (Versuch mal, sie zu beobachten und Du hättest Dir besser vorgenommen, Dich rechtzeitig mit Astrologie zu befassen – Du wirst auf dem Boden sitzen und all die hübschen Sternchen zählen.).

Die Methode, um Dich selbst gegen diese Art von unangenehmem Mist zu verteidigen, ist, die Spitze zu ignorieren und auf die Mitte der Waffe zu achten. Du kannst das Endergebnis nicht stoppen, aber Du kannst gewissermaßen den Stecker herausziehen und die ganze Sache beenden. Dies ist ebenfalls etwas, wobei Du Deine Paraden einsetzen möchtest – während Du vermeidest, daß das selbe bei Dir passiert. Ein Druck von 25 kg auf die Mitte der Waffe kann sich zu 50 kg an der Spitze umsetzen. Falls diese Spitze in die Nähe Deiner Waffenmitte gelangt, kannst Du Deinen Griff verlieren, wenn sie richtig trifft.

Eine weitere Sache, die Du wissen solltest: Wenn jemand eine Stangenwaffe oder einen Langstock so wie einen Knüppel einsetzt, geh ihm aus dem Weg! Versuch nicht zu blocken, versuch auch nicht zu parieren. Beweg Dich weg! Es besteht zwar eine gute Chance, daß er nur einen Schwing-Effekt einsetzt, aber der ist noch immer schmerzhaft genug. Du bist in ernsthaften Schwierigkeiten, falls er weiß, was er tut, weil er sowohl das Schwingen als auch die Peitschentechnik kombiniert einsetzen wird. Die selben physikalischen Regeln, die die Peitschentechnik ausmachen, treffen auch hierbei zu, allerdings verzehnfacht! Wie hart kannst Du mit Deinen Armen schwingen? Dies ist der Druck an der Waffenmitte. Also kannst Du erraten, welche Kraft am Ende eines Langstockes entsteht. Falls Du nicht wegkommst, weich aus oder duck Dich ab, laß alles fallen und stürme gegen den Scheißkerl vor. Zumindest wird es den Schaden verringern. Im besten Fall magst Du damit bedenkliche Schäden vermeiden und innerhalb seiner Dekkung gelangen. Langstöcke sind in einem Ringkampf beschissen. Falls Du allerdings versuchst, einen Angriff mit diesen Schwüngen einzustecken, wird nur noch NORAD in der Lage sein, Deine Flugbahn im Orbit zu verfolgen.

Ein Wort zu Gläfen

Nun, da Du etwas über die Techniken weißt, laß uns auf einige besondere Details des Stangenwaffenkampfes eingehen, und zwar hauptsächlich auf Gläfen. Die Gläfe begann als landwirt-

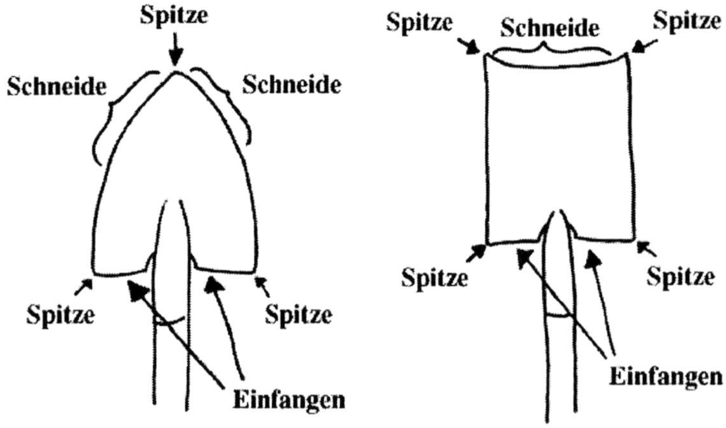

Schaufel und Spaten mit ihren Schlüsselpunkten für Angriffe.

schaftliche Gerätschaft, aber seit sie einstmals ein verdreckter Bauertrampel ergriffen hatte und anfing, damit einen Wikinger zu zerschnitzeln, hat sie einige Veränderungen durchlaufen. Nicht nur, daß sich die Form und die Größe verändert hat, sie begannen auch, ihr irre Namen zu geben: Guisearme, Fauchard, Lochabar-Axt, Couteaux de Breche, Jedbourgh-Axt, Kumade, Sense und einen ganzen Haufen anderer.

Ich werde all diese Dinge einfach als „Gläfe" bezeichnen. Ganz nebenbei wird diese Verallgemeinerung Waffenhistoriker und Besserwisser ausflippen lassen. Dies ist die Sorte von Menschen, die die ganze Nacht zusammensitzen und erörtern werden, ob die Lochabar-Axt entweder eine schottische Waffe von vor 1550 oder nach 1550 gewesen ist. Oder war dies bloß ein anderer Name für eine Gläfe, was bedeuten würde, daß es sie schon mindestens im Mittelalter gegeben hat?

Laß die Historiker die Wortbedeutungen erörtern. Was ich mit einer Gläfe meine, ist grundsätzlich eine kombinierte Stangenwaffe, die die Fähigkeit zum Einfangen hat. Ob es per Haken, Stachel oder Hinterkante geschieht, zählt für mich nicht. Es ist etwas, das eingesetzt werden kann, um Dich in einem Kampf einzufangen. Dies ist etwas, auf das Du in einem Kampf aufpassen mußt.

Der Mist bei den Gläfen ist, daß sie normalerweise eine Kombination aus drei oder mehr Punkten aus Spalte B sind. Die Wahrscheinlichkeit besteht, daß Du anfangs mit einem anderen Teil der Gläfe als dem zum Einfangen gedachten angegriffen wirst. Die häufigsten sind Spitze oder Aufschlag, gefolgt von Schneide und Aufschlitzer (die meisten Leute vergessen, daß sie einfangen können, bis es viel zu spät ist).

Laß uns mal eine Schaufel und einen Spaten betrachten. Jede Art von Schaufel oder Spaten ist ein perfektes Beispiel für das, was ich mit einer Gläfe meine, wobei die beiden üblichsten der normale, eckige Spaten sowie die spitze Schaufel sind. Für unterschiedliche Kombinationen können dabei unterschiedliche Bereiche eingesetzt werden.

Die spitze Schaufel kann eher so wie ein Speer eingesetzt werden (Spitze/Schneide), der gerade Spaten hat dafür sowohl mehr Aufschlitzfähigkeiten als auch eine Schneide. Beide haben Aufschlag- und Einfangmöglichkeiten, wobei die letzteren von den Hinterkanten her kommen.

Wenn jemand mit einer Waffe an Dir vorbei vorstößt, könnte er die Waffe zurückziehen und eine der Aufschlitzspitzen in Dich hineinbringen. Mit dieser Spitze in Dir drin steckend, erfordert es nur ein Verlagern seines Körpergewichts und Du bist hilflos am Boden.

Also ist die Hauptsache bei den Gläfenwaffen, daß Du an all die Kombinationen denkst, die sie sein können. Sie mögen nicht alle eingesetzt werden, aber jede von ihnen könnte zu jeder Zeit auftauchen. Dies ist kniffliger als Du denkst, aber zur gleichen Zeit auch viel einfacher. Du mußt mit allen Gesichtspunkten üben und mit ihnen Erfahrungen sammeln. Wenn Du diese Informationen nur in Deinem Kopf hast, wirst Du in einem Kampf schnell Hundefutter sein. Wenn Du jedoch losgehst und ein paar Tage mit dem Üben von all diesen Aspekten des Kämpfens mit Schaufeln verbringst, danach das gleiche mit einem Spaten, mit einer Plattschaufel u.ä. machst, wird Dir dieser Stoff in Fleisch und Blut übergehen. Danach ziehst Du los und versuchst es mit Harken, Hippen zum Heckenschneiden, Besen (all diese Borsten sind großartige Aufschlitzer/Spitzen gegen das empfindliche Augengewebe), Hacken, Gardinenstangen mit verzierten Metallenden, langen Stangen mit Haken zum Öffnen von Oberfenstern, Gartenkultivatoren, Schneeschiebern oder irgend etwas anderem, was in Deiner Umgebung oder an Deinem Arbeitsplatz heimisch ist.

Mit der Zeit wirst Du anfangen, den Dreh herauszubekommen, wie diese Dinge funktionieren. Damit einhergehend werden alle Arten des Wissen darüber kommen, welche Kombinationen bei den verschiedenen Dingen vorkommen. Wenn Du mit dem, was auch immer gerade herumliegt, geübt hast, wirst Du wissen, auf was Du aufpassen mußt, falls jemand versucht, Dich damit zu erwischen.

•••••

Du mußt das, was Du hier gelernt hast, aufnehmen, losziehen und verschiedene Dinge in die Hand nehmen, um das zu üben, wovon wir gesprochen haben. Dies sind die Grundregeln, die sich bei jeder Art von großem Stock, den Du in einem Notfall in die Hand nehmen kannst, anwenden lassen, inklusive Schaufeln, Harken, Besen, Stehlampen und allem anderen, was handlich genug ist.

Du kannst Dir außerdem Bücher über den Stock- und Speerkampf kaufen. Das, was Du jetzt weißt, wird eine Menge der Aspekte abdecken, die diese Bücher nicht behandeln. Die Sache ist die, daß all die Informationen auf der Welt Dir kein bißchen nützen werden, solange Du nicht übst. Um also sicher zu gehen, besorg Dir die Bücher, Trainingswaffen, einen Partner und übe diesen Stoff, bevor Du ihn wirklich brauchst. Ohne einen Partner übst Du es mit den echten Gegenständen ein, die Du vielleicht einmal einsetzen mußt (Ich möchte nicht von irgend jemandem hören, dem von seinem Kumpel bei einem Duell ein Spaten in die Brust gestoßen worden ist. Benutzt also Übungswaffen.).

Du möchtest vielleicht verschiedene Kampfkunstschulen in Deiner Nähe überprüfen und sehen, was sie in bezug auf Waffentraining anzubieten haben. Es gibt bestimmte chinesische Formen, die viel mit Waffen umgehen. Die meisten der Karateschulen gehen nicht wirklich so weit auf Waffen ein, wie sie es tun sollten. Also mag dies in eine Sackgasse führen.

Wenn Du jedoch in der etwas ungewöhnlichen gesellschaftlichen Situation bist, gibt es da eine andere sehr gute Alternative. Es gibt eine internationale Organisation namens „SOCIETY OF CREATIVE ANACHRONISM“ (nicht Anarchie – ein Anachronismus ist etwas, das noch immer da ist, aber schon völlig veraltet ist, genauso wie die Wahlmänner, die den Präsidenten und Vizepräsidenten der Vereinigten Staaten wählen). Der gebräuchliche, abgekürzte Begriff lautet „die SCA“. Diese Leute sind in allen wichtigen Städten zu finden, und sie sind wie die Termiten. Solange Du nicht weißt, nach was Du Ausschau halten mußt, wirst Du niemals wissen, daß sie dort sind. Sie sind eine Gruppe von Leuten, die sich mit mittelalterlichen Kostümen kleiden und sich auch gesellschaftlich so benehmen. Sie legen auch Rüstungen an und hauen sich die Hucke voll mit allen Arten von „historischen“ Trainingswaffen. Dies ist tatsächlich eigenhändige, praktische Erfahrungssammlung mit Speeren, Stangenwaffen und Langstöcken. Wenn Du wirklich interessiert daran bist, was es mit dieser Art des Kämpfens auf sich hat, ist dies der richtige Platz. Sie haben Turniere und alles mögliche sonst noch.

Ich bin kein Mitglied, aber ich hatte sie für eine Zeitlang gekannt. Du kannst sie normalerweise über Waffenausstellungen, Händler für antike Waffen, Science Fiction-Kreise, Renaissance-Jahrmärkte, Geschichtsabteilungen der Universitäten, Spieler militärischer Strategie- und Kriegsspiele und jeder reenactmentähnlichen Gruppe finden. Falls alles andere fehlschlägt: Sie treffen sich bei ihren Turnieren in Parks. Also halte Ausschau nach Hinweisschildern mit der Abkürzung „SCA“ oder nach Leuten, die in mittelalterlicher Kleidung herumwandern.

SCHWERTER UND KNÜPPEL

Der größte Schwertkämpfer der Welt hat nichts zu befürchten von dem zweitbesten Schwertkämpfer der Welt; er weiß genau, was der Typ machen wird. Es ist der krasse Amateur, um den er sich sorgen machen muß, der Typ, der das völlig Unerwartete tun wird.

ein Fechtgrundsatz

Häufig nehme ich den Roman eines Films zur Hand, den ich wirklich mag. Einer meiner Lieblingsfilme ist *The Duellists.* Nicht nur, daß die Regie von Ridley Scott geführt wurde (einem meiner Lieblingsregisseure), sondern auch, daß William Hobbs (*Three Musketeers, Four Musketeers* sowie *Ladyhawke*) der Choreograph der Kämpfe gewesen ist. Die Schöne und das Biest, Mann! Der Film ist das realistischste Beispiel für das, was beim Waffenkampf passiert – Menschen werden verletzt. Er findet zwischen den napoleonischen Kriegen statt, als das Duellieren eine annehmbare Methode war, um Streitigkeiten auszutragen. Wenn Du herausgefordert wurdest, sagte Dir Deine „Ehre", daß Du gegen den Typ zu kämpfen hast. Die Sache war die, daß es bis zu einem Punkt ging, an dem es zu Ende war, wenn einer der Typen verwundet wurde. Wenn der Typ zu Boden ging, konntest Du ihn nicht töten (es gab die Leute, die sich „Sekundanten" nannten und die Dich erledigten, falls Du dieses Gesetz brachst).

Nun, in diesen Streifen ist ein Spinner eingefügt. Dieser Typ kommt immer wieder aufs Neue zurück. Da sich die Duellanten niemals gegenseitig ganz töten können, geht dies über fünfzehn Jahre so weiter (es ist ein verdammt guter Film; ich kann ihn nur wärmstens empfehlen). Wie dem auch sei, in einem der Duelle stößt der eine Typ vor und sticht dem anderen Typ in die Brust. Die Klinge prallt an der Rippe ab (was sie oftmals tut, besonders dann, wenn Du die Klinge nicht horizontal hältst) und ramponiert bloß den Muskel. Das ist das Ende von dieser Runde. Der Arm des Typs ist außer Gefecht gesetzt (All die Muskeln stehen miteinander in Verbindung. Wenn Du in die obere Brust oder die Schulter gestochen wirst, wird es Deinen Arm beeinflussen. Ungelogen.). Sie trennen sich und warten fünf Jahre und ein paar Kriege ab, um erneut zu versuchen, sich gegenseitig zu zerlegen.

Was in dem Film nicht so gut gezeigt wurde, aber in dem Buch erwähnt wird, ist, daß der Typ, der vorstieß, mit dem (nach allen Regeln des Fechtens) falschen Bein vorging! Der andere Typ wurde vollkommen überrascht und deswegen durchstochen. Es war der Spinner, der den Angriff machte, was übrigens wichtig zu wissen ist, weil es zeigt, daß er so sehr interessiert daran war, den anderen Macker zu durchstechen, daß er nicht über die Technik nachdachte. Da er nicht nachdachte, machte er etwas, was völlig außerhalb der normalen Regeln des Fechtens lag. Es war so außergewöhnlich, daß es unerwartet kam. Und weil es unerwartet kam, funktionierte es – *einmal.*

Alles, was es in einem Kampf braucht, ist dieses eine Mal. Wenn die meisten Leute eine Waffe in die Hand nehmen, werden sie nach bestimmten Richtlinien angreifen. Dies ist nett, weil die meisten dieser Richtlinien mit bestimmten Arten des Trainings gehandhabt werden können. Das ist die gute Nachricht. Die schlechte Nachricht ist, daß es bestimmte tote Winkel beim Training gibt. Falls die Person, mit der Du kämpfst, diese Punkte kennt oder sie zufällig findet, wirst Du Dich in einer Welt voller Schmerzen wiederfinden.

Als ein Beispiel dafür gibt es eine Kombination, die ich aus dem Shotokan-Karate kenne, nach der Du Deine Uhr stellen kannst. Glücklicherweise wissen nicht allzu viele Leute davon. Ich werde nicht sagen, welche es ist, weil ich sie benutze, um mit Leuten fertigzuwerden, die bessere Kampfkünstler sind als ich (es gibt eine Menge Leute, die in diese Kategorie gehören). An was Du denken solltest, wenn diese Leute diese Kombination starten, ist, daß Du die ersten beiden Techniken vorbeigehen läßt und dann zutrittst. Ich schwöre bei Gott, sie laufen beinah jedesmal voll hinein.

Der Grund dafür, daß derartige Dinge passieren, ist der, daß formale Stile die Leute beim Handhaben von bestimmten Arten von Situationen mit bestimmten Methoden einlullen. Eine Möglichkeit, um es zu betrachten, ist, es als ein großes Stück Land mit Straßen darauf zu betrachten. Einige der Straßen sind asphaltiert und andere nicht. An einigen Stellen gibt es überhaupt keine Straßen. Bestimmte Fahrzeuge wurden darauf abgestimmt, auf oder neben diesen Straßen zu fahren. Einige der Straßenfahrzeuge sind in spezialisierte Bestien verwandelt worden, die unglaubliche Dinge tun können, allerdings nur auf der Straße. Obwohl es langsamere, besser angepaßte Fahrzeuge gibt, die dort herumfahren und sowohl auf befestigten als auf unbefestigten Straßen operieren können, gibt es andere, die einfach nur reine Off-Road-Monster sind. Diesen Dinger sollte man besser *ENTERPRISE* auf die Seite pinseln: „. . .und dringt dabei in Galaxien vor, die nie ein Mensch zuvor gesehen hat.“ Aber wegen ihrer Spezialisierungen haben sie bestimmte Einschränkungen. Es ist diese kleine Tatsache, die die meisten Leute vergessen, wenn sie das Training aufnehmen. Du würdest von einem Allrad-Geländewagen nicht erwarten, daß er ein Straßenrennen gegen einen Formel 1-Rennwagen gewinnt, oder? Auch würdest Du nicht erwarten, daß ein Formel 1-Rennwagen gut aussieht bei der Durchquerung eines Flußbettes. Warum in Gottes Namen erwarten dann die Leute, daß Karate alles abdeckt, was ihnen begegnen könnte? Laß mich hier sagen, daß Karate ein japanischer Pick-Up ist! Kendo ist eine Limousine! Judo ist ein Reisschüssel-Motorrad! *Erwarte nicht von ihnen, daß sie mit allem fertig werden!* Die meisten Kneipenschläger sind wie diese großen 4x4 Monstertrucks, die alles überrollen, was ihnen im Weg steht. Westliches Fechten ist ein V-8 Dragster mit Doppelvergaser. Ringer sind Harleys. Wenn Du einen von diesen auf seinem eigenen Terrain antriffst, steckst Du in der Scheiße. Verstanden?

Der Grund dafür, warum ich Dir dies erzähle, ist der, daß Du wissen mußt, gegen was Du antrittst und wo Du stehst. Mit diesen Informationen kannst Du wissen, ob Du an Ort und Stelle bleibst, Dich von dort verziehst oder die Situation veränderst. Obwohl dies allgemein beim Kämpfen zutrifft, trifft es ganz besonders im Bereich Stock-/Schwertkampf zu.

Es gibt eine gewaltige Menge an Kampfformen für Stöcke, Knüppel und Schwerter. Der Grund, warum ich alle diese Waffen in einem Kapitel kombiniere, ist der, daß die Techniken auf mehrere Arten vermischt werden können.

Du kannst nun einen Knüppel ergreifen, ausholen und jemand damit treffen. Vielleicht kannst Du verhindern, von jemand anderem getroffen zu werden, indem Du mit dem selben Knüppel abblockst. Es funktioniert – manchmal. Es besteht jedoch eine gute Chance, daß irgend etwas schiefgehen wird und Du niemals wissen wirst, was es war, weil Du nämlich gerade am Boden liegst und ein kleines Nickerchen machst.

Geschichte und Hintergrund

Mit ein bißchen Arbeit und Nachforschungen kannst Du ein verheerender Wirbelwind aus Angriffen, Schlägen, Kontern, Paraden und Blöcken mit nahezu jedem knüppelähnlichen Gegenstand werden, den Du in die Hand nimmst. Glaub mir oder nicht, Knüppel sind die einfachsten und am häufigsten verfügbaren improvisierten Waffen, mit denen Du lernen kannst, wie man sie einsetzt.

Abgesehen von verschiedenen Stockkampftechniken steht eine große Auswahl an Schwertkampftraining zur Verfügung. Einige der Stockkampftechniken sind Kali/Escrima, Pananandata, Choy Lay-Fut Gung Fu und Okinawa-Kobudo. Die Filipinos haben einige der tödlichsten Formen des Stockkampfes auf der Welt, und diese sind es Wert, sie sich näher anzusehen. In der Schwertkampfarena gibt es westliches Fechten (mit dem Gebrauch von drei Waffen), Kendo, Iaido, Ninjutsu, Breitschwert und Schild, alle Arten von chinesischen Stilen (ohne Scheiß, beinah jeder Stil des Gung Fu besitzt irgendwelche Schwerttechniken) und einen Hindu-Stil (dessen Name mir entfallen ist).

Jeder von diesen kann ziemlich schnell eine Beule in Deinen Hut hauen. Einer der am leichtesten zur Verfügung stehenden und zu findenden ist jedoch das westliche Fechten, und dies ist es, was ich empfehle. Ich habe formales Training im Fechten und formloses Training mit Breitschwert und Schild sowie in Kendo erhalten. Ich habe gegen Kali/Escrima gekämpft und auch mit ihnen geübt. Nur im Training bin ich gegen Okinawa-Kobudo und Iaido angetreten. Ich habe die Hindu- und Shao Lin-Formen in Aktion *gesehen.* Aber meiner Meinung nach führt der beste Weg, um grundlegende Stockkampftechniken zu erlernen, über das westliche Fechten. Es ist leicht zu lernen und schwierig, um daran vorbeizuzukommen. Die drei Arten von Waffen – Florett, Degen und Säbel – werden nahezu jedes grundsätzliche Vorgehen, dem Du begegnen wirst, abdecken. Die Waffen, mit denen Du lernst, sind verwässerte Versionen, aber wenn Du mit schwereren Objekten übst, wirst Du in der Lage sein, die Spreu, die sich mit diesen Spielzeugschwertern eingeschlichen hat, vom Weizen zu trennen (Nebenbei bemerkt, ich mag Witze machen über „Spielzeugschwerter“, aber ich habe wegen diesen verdammten Dingern geblutet. Es ist tatsächlich einem Kampf mit Autoantennen ähnlich. Sie mögen leicht sein, aber bevor Dir nicht mit einer Autoantenne oder einem Säbel ein Schmiß verpaßt worden ist, hast Du keine Vorstellung davon, wie sehr sie weh tun.).

Meine nächste Wahl sind die philippinischen Stile. Es gibt einen guten, praktischen Grund dafür. Über Jahrhunderte waren die Philippinen die Durchgangsstraße zwischen Ost und West. Jeder, der in Asien Handel betrieb, nutzte die Philippinen als Tankstelle. Außerdem sind die Philippinen aus militärischer Sicht ein großartiger strategischer Stützpunkt, so daß alle und jeder seine Soldaten dort hindurchschickte.

Da die Inseln solch eine Durchgangsstraße sind, spiegeln die philippinischen Kampfstile östliche Kampfkünste und westlichen Schwertkampf wieder, genauso wie all den häßlichen Scheiß, den Soldaten und Seeleute fünfhundert Jahre lang hervorgebracht haben. Glaub mir, das ist eine Menge. Denk darüber nach. Da seid ihr nun und ihr zerlegt euch vergnüglich gegenseitig, indem ihr eure Grundtechniken verwendet. Eines Tages taucht ein großes Schiff auf. „Großartig! Laßt uns diese weißen Arschlöcher zerlegen.“ *Bumm.* Du triffst zum ersten Mal auf eine Kanone. *Autsch.* „Okay, meinetwegen dürft ihr Typen bleiben.“ Die Weißen hängen herum, betrinken sich und kämpfen viel. Deine Heimat ist nun ein „Anlaufhafen“ geworden. Deine alten Techniken waren ziemlich gut, auch wenn sie keine Kanone stoppen konnten. Laßt sie uns einfach mit einigem von dem, was die weißen Männer tun, vermischen und sehen, was dabei herauskommt (schließlich tragen nicht allzu viele Betrunkene eine Kanone mit sich herum, wenn sie durch die Kneipen ziehen). „He, das funktioniert!“ Fünfhundert Jahre lang mit den Weißen Geld machen und sich mit ihnen die Schädel einschlagen, und die Philippinen brachten einige sehr praktische Kampftechniken hervor.

Als nächstes empfehle ich die asiatischen Schwerttechniken, mit Kendo ganz unten auf der Liste. Dafür gibt es einen Grund. Die Beliebtheit von Kendo, ähnlich wie bei Bruce Lee, ist zum größten Teil eine Erfindung der Medien. Eine Sache, die die meisten Leute sich nicht klarmachen, ist, daß Japan eines der wenigen Länder war, das den Rest der Welt hinauswarf und zu den alten Zeiten zurückkehrte. Im 16.Jahrhundert stellten die Portugiesen Kontakt mit Japan her. Unter dem Tokagawa-Shogunat warfen die dann den Westen raus. Es hieß „Leck mich“, „Geschlossen“, „Bin zum Angeln“, „Betreten verboten“, „Kein Zutritt.“ Hinausgeworfen. Sie erließen Gesetze gegen Feuerwaffen und kehrten zu Schwertern zurück. Dann segelte im Jahre 1854 Commander Perry in die Yedo- Bucht, schob ihnen eine Kanone in den Rachen und sagte: „Hei.“ So endete Japans Politik der verschlossenen Türen.

Dies schuf Anfang 1900 einen Markt für japanische Künste, Handelswaren und Philosophie (hört sich das nicht bekannt an?). Es führte auch Kampfformen ein, die sich nicht der Realität von veränderlichen Verhältnissen (wie Schußwaffen und dem durchschnittlichen weißen Joe, der in der Lage ist, Deine Kehle aufzuschlitzen) anzupassen hatten. Aber wegen ihrer „Reinheit“ erregten sie ein großes Aufsehen.

Laß uns trotzdem einen Blick darauf werfen. In Japan gab es die Samurai und das feudale System. Da es eine Insel war – und noch immer ist – und es von allem weit abgelegen lag, hatte Japan niemals mit einer starken, feindlichen Invasionsstreitmacht fertig zu werden (ich zähle nicht den 2.Weltkrieg dazu; der wurde unterstützt und vorangetrieben durch Schußwaffen). Die Mongolen versuchten es mal im 13.Jahrhundert. Der erste Kampf war eine nicht überzeugende Schlacht am Strand (Landungen sind eine ausgesprochen schwierige Sache), und beim zweiten Mal wurde deren Flotte von einem Taifun eingeseift, dem Götterwind, der Japan beschützt: dem Kamikaze. Die wenigen Leutchen, die nicht untergegangen waren und an den Strand gelangten, wurden von den Samurai abgeschlachtet. Das war das einzige Mal in fast eintausend Jahren, daß Japan von der schwertführenden Welt angegriffen worden ist.

Die Japaner jedoch unternahmen im Mittelalter räuberische Einfälle in Korea. Das Gebiet, das sie sich aneigneten, hielten sie nicht lange. Die Chinesen und Koreaner warfen sie schließlich hinaus. Dies sollte Dir wirklich etwas über die japanischen Kampftechniken im Vergleich zu anderen Systemen sagen. Im Grunde genommen konnten die Japaner ihr System am Laufen halten, weil sie sich abseits der ausgetretenen Pfade befanden. Währenddessen waren alle anderen dort damit beschäftigt, die verdammten Wilden aus den asiatischen Steppen abzuwehren (Die Namen änderten sich – die Hunnen, die Shang, die Mongolen, die Tartaren und schließlich die Mandschus – aber sie blieben trotzdem nomadische Barbaren, die in die Stadt ritten und Rabatz machten. Diese Typen waren ein echtes Ärgernis. Wenn sie nicht Pferde hüteten, waren sie betrunken. Wenn sie nicht betrunken waren, kämpften sie. Und wenn sie sich nicht gegenseitig bekämpften, überfielen sie die Welt.).

Wegen seiner Politik der verschlossenen Türen entwickelte Japan eine in sich geschlossene Gruppe von Kampfsystemen. Die Schwächen dieser Techniken wurden nicht ausgemerzt, weil sie durch Tradition und Kultur behütet waren. Eine der großen Sachen, die die meisten Leute bei all ihrem Gerede von Bushido vergessen, ist die kleine Theorie, daß es die höchste Handlung eines Samurai war, im Dienste seines Herrn zu sterben. An der Spitze dieses verherrlichten Selbstmordversuchs stand der „doppelte Schlag", bei dem sich zwei gegnerische Samurai im exakt gleichen Augenblick gegenseitig töteten (beim Angriff, nicht bei der Verteidigung). Im Namen des Bushido streckten sie sich im hell strahlenden Schein des Ruhmes (oder des Blutes) gegenseitig nieder. Es bewies, daß ihr beide die gleiche Begabung hattet. Ja, genau. Was dies bedeutete, war, daß ihr beide tot seit! Dies war so in deren System eingebaut!

Dazu kam die Tatsache, daß die Samurai Machogötter waren, die sowohl durch das Gesetz als auch durch ihre Schwerter geschützt waren (welche nur sie tragen durften...es ist leicht, hart zu sein, wenn der andere Typ kein Schwert hat). Die Bewohner Okinawas und die Ninja waren die einzigen, die verschiedene Methoden hervorbrachten, um mit den Samurai-Arschlöchern fertig zu werden. Ich meine, hier ist ein einfacher Fischer, der sich um seine eigenen Angelegenheiten kümmert, und ein Samurai kommt vorbei und verlangt seinen Fang (dem Samurai entsprechend ist es sein Recht, ihn zu nehmen). „He, Du kannst mich mal, Kumpel. Wenn ich Dir diesen Fang gebe, hat meine Familie nichts zu essen." Der Samurai greift nach seinem Schwert, und der Fischer, unter totaler Mißachtung aller Regeln des Bushido, ersticht ihn mit einem Fischerhaken, bindet ein paar Steine um die Beine des Leichnams, und der Samurai ist Fischfutter. So hat es auf Okinawa und in Japan für den durchschnittlichen Joe funktioniert (der, nebenbei bemerkt, etwa 80 Prozent der Bevölkerung ausmacht).

Ich will hier nicht die japanischen Kampfstile schlechtmachen. Was ich versuche, ist, darauf hinzuweisen, daß sie sich spezialisiert haben. Fast jedermann kennt Kendo. Aber nur wenige Leute wissen, daß es nicht so ausgeht, wie das Fernsehen es Dir weißmachen möchte, wenn Du einem Kendoka einen Fechter – oder, was dies betrifft, meinetwegen auch einen Breitschwert und Schild-Mann – entgegenstellst.

Gott ist mein Zeuge, ich ging einmal gegen einen Kendoka mit einer Säbeltechnik vor, während ich ein Bier trank. Ich mußte das Bier abstellen, um mit ihm fertig zu werden, aber ich hielt ihn auf Abstand mit dem Bier in meiner Hand (Ich muß zugeben, daß ich die selbe Sache in einem Danny Kaye-Film gesehen hatte und sehen wollte, ob es so funktionieren kann.). Außerdem war ich damals in meiner kämpferischen Glanzzeit, was eine Menge ausmachte. Die Sache ist die, daß Kendo und Iaido einige verdammt gute Techniken haben, denen Du besser vorher auf der Trainingsmatte begegnet bist, oder es wird übel werden.

Okay, es gibt einen Grund dafür, warum ich Dich mit all dem hier zu Tode gelangweilt habe (und wahrscheinlich irgend jemand anderen zu Tode verärgert habe). Es geschah, um Dir eine Vorstellung davon zu geben, wo Du hingehen und auf was Du achten sollst, um diese Art von Stoff zu lernen. Der Grund dafür ist einfach: BEIM STOCKKAMPF MUßT DU DEINE SACHE SICHER UNTER DACH UND FACH BRINGEN! DIES IST EIN BEREICH, IN DEM ES HART UND SCHNELL ZUR SACHE UND ZU BODEN GEHT! Dies ist nicht die Zeit zum Spielen. Hier ist es, wo Du den meisten Arten der improvisierten Waffen begegnen wirst. Also unternimmst Du besser ein paar ernsthafte Studien in diesem Fach. Ich habe nun genug geplappert über Geschichte, Form und wo Du hingehen kannst, um diesen Stoff zu vervollkommnen. Laß uns zum In-den-Arsch-treten-Teil übergehen.

Meinem Training ist es zu verdanken, daß eine Menge von dem, was ich Dir hier zeigen werde, aus dem Fechten stammt (mit anderem hinzugefügten Stoff). Ich werde einfach alles hier als Stock bezeichnen, anstelle von Knüppel, Schwert, Keule, Bokken, Säbel und anderen „Zähnelockerern". Laß uns zuerst die Griffe betrachten.

Griffhaltungen

Beim Stockkampf hast Du die selben drei Grundgriffe wie beim Messerkampf (und noch ein paar weitere – wir werden später auf sie eingehen). Diese sind der Säbelgriff, der natürliche Griff (oder Hammergriff) und der asiatische Griff (oder Eispickelgriff). Jeder von ihnen hat seinen

Platz und Zweck, und das einzige Mal, daß einer besser als der andere ist, ist in seinem eigenen Bereich. Wenn Du versuchst, mit einem asiatischen Griff zu fechten, ist er lausig. Wenn Du versuchst, im Infight mit einem Säbelgriff zu kämpfen, ist es geradezu bemitleidenswert.

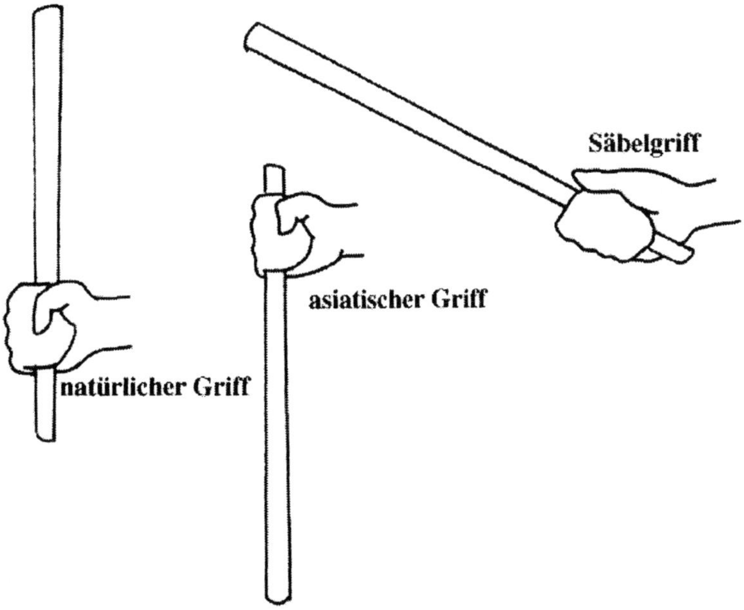

Hier sind die drei Hauptgriffe, die beim Stockkampf eingesetzt werden.

Der Säbelgriff ist der anpassungsfähigste der drei. Er ist schnell, und er setzt auf Handgelenkarbeit und -kraft. Abgesehen von seiner Schnelligkeit und Beweglichkeit ist seine weitere Stärke, daß Du durch ein Schnappen aus Deinem Handgelenk heraus Peitschen kannst. Seine Schwäche ist, daß Dir Deine Waffe leicht aus Deiner Hand geschlagen werden kann. Er wurde hauptsächlich dafür entworfen, um Leute auf weiteste Stockentfernung von Dir fernzuhalten.

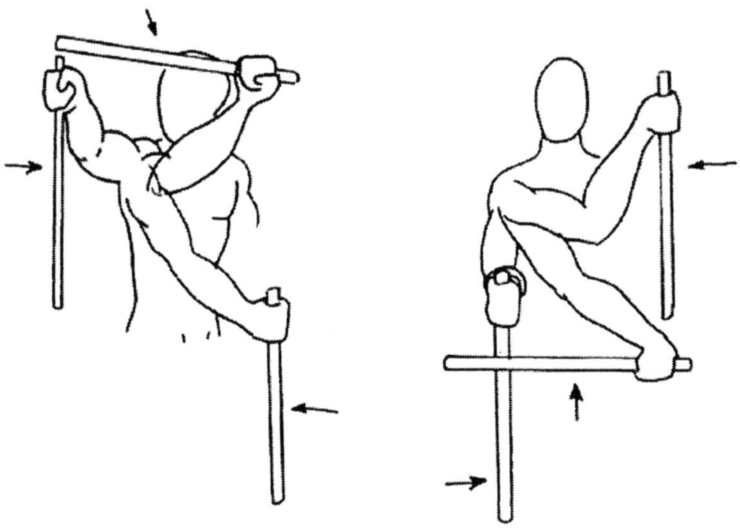

Abblocken mit dem asiatischen Griff.

Der natürliche Griff ist weniger anpassungsfähig und setzt mehr auf Armkraft, um die Nachricht herüberzubringen. Du setzt zwar Handgelenkarbeit ein, aber es ist mehr als Drehpunkt denn als ein Schnappen. Die große Stärke dieses Griffes ist, daß die Waffe wie der Felsen von Gibraltar in Deiner Hand sitzt und nirgendwo hingehen wird, wo Du es nicht willst. Seine Schwäche ist, daß Du Schnelligkeit und Beweglichkeit auf Kosten eines festen Griffes opferst. Er ist mehr für den Kampf auf mittlere Entfernung geeignet.

Der asiatische Griff ist ein Einschläferer. Er ist eindeutig weniger anpassungsfähig als die anderen beiden, erfordert mehr Übung und setzt die Armkraft in einer abgedrehten Art und Weise ein. Er ist außerdem für den Nahkampf mit Stöcken entworfen worden und wird jeden windelweich dreschen, der dumm genug ist, in ihn hinein vorzustürmen. Er ist eine Mischung aus Stockkampf und Schlagen. Wenn der Typ seinen Arm bewegen kann, kann er ihn damit gegen Dich einsetzen. Er ist besonders stark in der Verteidigung. Wenn Du von stockführenden Knirpsen angegriffen wirst, ist dies der Griff, den Du einsetzt. Er kann Deine unteren Körperpartien intakt halten. Um mit ihm in den oberen Sektoren abzublocken, mußt Du nur Deine Arme anheben. Die meisten Leute denken nicht an das Stechen mit einem Stock, aber mit einem Drehen aus dem Handgelenk und einem schnellen Stich könntest Du jemandem seine Stirn einbeulen. Bei den meisten Schlägen ist jedoch ein Schnappen aus dem Handgelenk heraus beteiligt. Achte besonders bei diesem Griff aus einer Grundstellung auf Deine Nüsse und Knie. Die nette Sache an diesem Griff ist, daß es so aussieht, als ob Du nur dastehst und so etwas wie einen Spazierstock in Deiner Hand hältst.

Nun zu den anderen Griffen. Wenn Du aufgepaßt hast, würdest Du bemerkt haben, daß der

Bürokratengriff

natürliche und der asiatische Griff die gleichen Handhaltungen verwenden. Was sich ändert, ist die Lage der Hand am Stock. Das gleiche gilt für den nächsten Griff, allerdings ist hier die Hand in der Mitte des Stockes oder näher an einem Ende. Ich habe keine Ahnung, wie dieser Griff heißt, so daß wir ihm einen Namen geben müssen, bis ich entweder herausfinde, wie das verdammte Ding heißt oder Du den richtigen Namen auf Deinen Reisen herausfindest und mir davon schreibst.

Ähm…laß ihn uns einfach den „Bürokratengriff" nennen. Jawohl! Weil es so aussieht, als ob sich jemand gerade einen von der Palme schleudert! Das beschreibt die meisten Bürokratien, die ich kenne. Der Griff ist tatsächlich eine gute, nicht extreme Ausgangsposition. Obwohl er einige ziemlich ernsthafte Einschränkungen hat, was die Anpassungsfähigkeit und das Schlagen auf lange Distanz angeht, hat er nette Paradefähigkeiten und einige gute Mittel- bis Nahbereichsschlagmöglichkeiten. Ich würde jedoch empfehlen, zu etwas anderem überzugehen, wenn Du Ergebnisse auf weite Entfernung erzielen willst. Anders als andere Griffe ist dieser hauptsächlich auf kreisförmige Bewegungen beschränkt. Eine der nettesten Sachen an ihm ist, daß er nicht bedrohlich aussieht (Siehst Du, ich habe Dir gesagt, daß dies ein guter Name für diesen Griff ist. Er ist nicht extrem. Er ist nur bedingt anpassungsfähig. Seine stärkste Verwendung liegt in der Absicherung seines eigenen Hinterns, er ist nahezu nutzlos außerhalb seines Territoriums, er bewegt sich im Kreis und er sieht harmlos aus, solange Du nicht weißt, was wirklich vor sich geht. Ha, der Bürokratengriff! Ich bezeichne sie so, wie ich sie sehe.).

Tatsächlich ist dies nicht so ein ausgeflippter Griff, wie der Name andeutet. Es ist einer, der Dir Zeit verschafft, bis Du zu etwas anderem übergehen kannst. Oder setz ihn einfach ein, wenn Du gar nicht an einem Gegenangriff interessiert bist. Seine größte Schwäche zeigt er jedoch gegen Stiche, aber Du weißt, warum das so ist. Die meisten Bewegungen sind schneller, wenn sich Dein Arm in Kreisen anstatt in geraden Linien bewegt. Dies trifft auf die meisten kreisförmigen Formen zu, weil sie nicht starten, stoppen und wieder starten müssen, wie man es bei geraden Linien tun muß.

Der Bürokrat ist ein wirklich großartiger Griff für eine Bereitschaftsstellung. Oftmals wirst Du Dich an Orten wiederfinden, an denen Du nicht sicher bist, in welche Richtung das Pendel ausschlagen wird, hin zur Gewalt oder nicht. In derartigen Situationen mag jede offene Bewegung Deinerseits der entscheidende Faktor sein, der das Pendel in Richtung Gewalt ausschlagen läßt. Ruhig zu bleiben ist einer der besten Wege, um zu verhindern, daß die Dinge gewalttätig werden. Zu wissen, daß Dein Hintern abgedeckt ist, ist eine große Hilfe, um ruhig zu bleiben, wenn Du weißt, was ich meine.

Okay, laß uns nun den Kendogriff betrachten. Ein Kendogriff ist *kein* Baseballschlägergriff! Er ist viel anpassungsfähiger. Erinnerst Du Dich noch an die Peitschentechnik, von der ich Dir im letzten Kapitel erzählt habe? Diejenige, bei der die vordere Hand mit Ausnahme von Daumen und Zeigefinger locker gehalten wird? Ich werde diesen den Kendogriff nennen, weil er es war, bei dem ich sie gelernt habe.

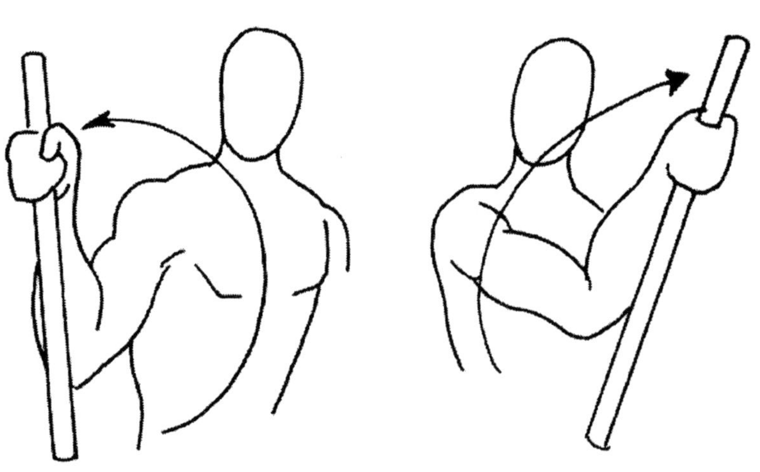

Abblocken mit dem Bürokratengriff.

Die absolut beste Sache an diesem Griff ist, daß er großartig in der Offensive ist! Ich meine damit, daß er ein außergewöhnlicher Kopfanklopfer ist! Der beidhändige Griff bei diesem und dem Baseballgriff ermöglicht Dir die größtmögliche Schlagkraft. Aber da gibt es einen kleinen Haken: die Defensive. Für Blöcke auf Bauchnabelhöhe und höher ist er noch ganz heiß. Es ist der Teil mit dem Abdecken Deiner Nüsse, der ein bißchen dürftig ist. Paraden und Blocktechniken für die tieferen Körperpartien benötigen eine lange Zeit, um sie zu perfektionieren. Da es für einen Samurai unter seiner Würde war, mit der Spitze seines Schwertes zu töten, baut Kendo mehr auf Blöcke als auf Paraden. Deswegen funktioniert das Fechten so gut dagegen.

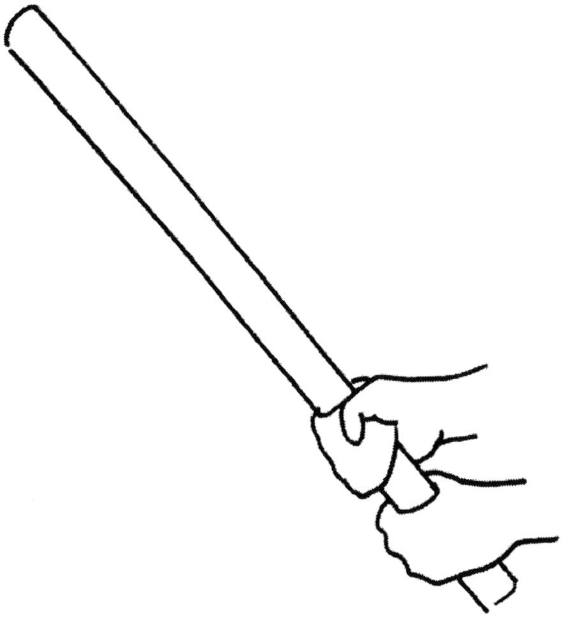
Kendogriff

Übrigens, wenn ich über dieses Zeug rede, spreche ich zu dem durchschnittlichen Schüler. In Amerika wird einem Schüler, der fünf Jahre lang Unterricht hatte, normalerweise der Schwarzgurt verliehen. Fünf Jahre Kampfkunsttraining ist nicht die selbe Sache, wie Dein ganzes Leben einer Sache zu widmen, was erforderlich ist, um ein Meister zu sein. Ich bin sicher, daß einer dieser Typen mich als Lügner darstellen könnte, indem er auf der Matte beweist, daß alles, was ich hier sage, falsch ist. Bei ihm trifft dies zu. Aber es sind die Schüler, die bei der Art von Problemen, von denen ich spreche, zusammengeschlagen werden. Ich spreche hier nicht zu Meistern, ich spreche zu Dir – über das, mit dem Du Dich herumschlagen mußt, wenn die Sache ungemütlich wird. Da draußen ist kein Dojo. Solange der Typ nicht trainiert ist, werden seine Angriffe sich nicht in einen bestimmten Stil einfügen. Und wer weiß, in welchem Stil es ist, falls er trainiert ist? Alles in allem bedeutet dies, daß Du in einer Straßenkampfsituation wissen mußt, wie Du mit all diesen Arten von wildem und abgedrehtem Scheiß, genauso wie mit dem Unerwarteten, umzugehen hast. Dies ist Stoff, den sie Dir entweder niemals beibringen, oder sie beschönigen es, was der Grund dafür ist, daß der durchschnittliche Kampfkünstler in einem richtigen Kampf verliert.

Eine der Sachen, die niemals aufhören wird, mich zu verblüffen, ist die Anzahl an Lehrern, die tatsächlich niemals ihre Kampfkunst einsetzen mußten, um sich selbst zu verteidigen. Sie wissen nicht, was es wirklich erfordert. Sie reden über die Theorie, aber kennen die Praxis nicht. Ich bin einmal auf einer Party mit einem Typ gewesen, der ein „berühmter Kampfkünstler" war. Wir saßen beisammen und unterhielten uns über Theorie, und der Typ sagte: „Falls ich dies jemals in einem wirklichen Kampf einsetzen müßte, würde ich..." Ich erinnere mich nicht mehr an den Rest des Satzes, denn als er dies sagte, unterbrach ich ihn vor Verwirrung und sah ihn an (Ich sage Dir, ich war ernsthaft verwirrt. So sehr, daß ich mit meinem Bier auf halbem Weg zu meinen Lippen stoppte. Wir reden hier von einer großen Verwirrung. Normalerweise kommt mir nichts zwischen mich und mein Bier, meine Braut oder mein Essen.). Ich fragte ihn, ob ich richtig gehört hatte. Er sah mich an und sagte: „Ja, warum, hast Du jemals...?" Meine Antwort von „Immer" beendete gewissermaßen die Unterhaltung.

Wie dem auch sei, ich habe jetzt genug gequasselt. Eine andere Möglichkeit wäre, Langstockgriffe einzusetzen, besonders für das Blocken. Obwohl Du mit diesen Griffen auch zustoßen kannst, ist es ratsam, für Schläge zu einer anderen Art des Griffes überzugehen. Aus diesen heraus ist es einfach, entweder in einen beidhändigen Angriffsgriff (Kendo/Baseball) oder zu

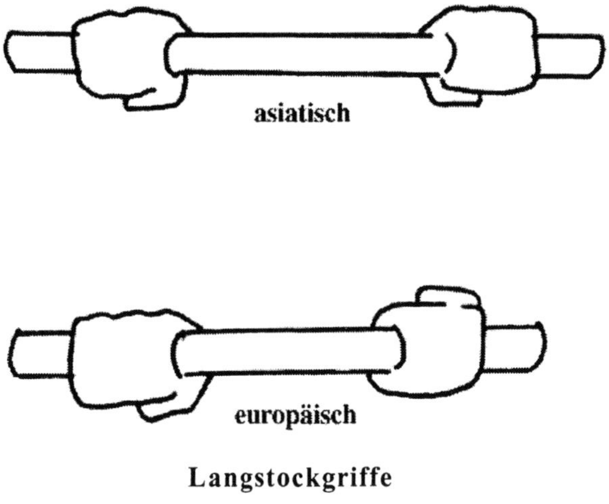

Langstockgriffe

Baseballgriff

einem einhändigen Schlag überzugehen.

Die Blocktechnik ist genau die gleiche wie mit einem Langstock. Du fängst den Aufschlag zwischen Deinen Händen ab. Dies ist besonders dann ratsam, wenn Dein Gegner etwas wirklich Schweres einsetzt (wie z.B. einen Wagenheber), was Dir Deine Waffe aus Deiner Hand schlagen wird, falls es irgend etwas oberhalb von dem Drehpunkt Deines Stockes trifft (wird später erklärt).

Der Baseballgriff ist etwas, was die meisten Leute instinktiv tun werden, wenn sie einen Stock ergreifen. So wie der Langstockgriff beinahe rein defensiv ist, ist dieser normalerweise immer rein offensiv. Es gibt einen Grund dafür, und es hat mit der Physik des Stockkampfes zu tun. Wenn Du ihn durch das Wissen über diese Physik abänderst, verbessert er sich, aber er hat noch immer die selben Probleme wie der Kendogriff. Sein ernsthaftester Vorteil ist die schiere Kraft, die Du in den Schwung legen kannst.

Schwünge

Spricht man von Schwüngen, so gibt es drei Methoden des Treffens – Kraft, Peitsche und eine Kombination aus den beiden. Die letzte ist die verheerendste. Kraft ist wirklich leicht zu erklären – Du triffst den Typ ganz einfach mit irgend etwas. Du schwingst Deinen Arm, es trifft ihn, Ende der Geschichte. Dies wird von Leuten eingesetzt, die entweder völlig ohne Kenntnisse über das Peitschen sind oder etwas wirklich hartes und schweres zum Schwingen haben (wie etwa einen Wagenheber). Das Peitschen ist technikmäßig etwas schwieriger zu erklären. Grundsätzlich besteht es aus dem Schnappen Deines Handgelenks in die Richtung, in welche auch immer Du treffen möchtest. Es kann in verschiedenen Winkeln ausgeführt werden (manchmal sogar in verschiedene Richtungen, wie z.B. Rückwärts, aber das ist ein bißchen kniffelig). Für diese Schnapp-/Peitschentechnik ist der Säbelgriff der absolut beste Griff, aber andere Griffe funktionieren auch. Nimm den Stock und halte ihn in Deiner Hand, mit der Spitze nach oben. Ohne Deinen Arm zu sehr zu beugen, bringst Du die Spitze zu Deiner Schulter zurück. Nun schnappst Du aus Deinem Handgelenk nach vorn. Versuch dies gegen einen Baum oder so etwas ähnlichem, um zu sehen, wie hart Du damit treffen kannst. Tu es mit verschiedenen Schlagwinkeln, bis Du gut darin bist. Dies ist für leichtere Waffen geeignet, die bewegt werden können, oder für Leute, die Handgelenke haben, welche bei einem Gorilla Minderwertigkeitskomplexe verursachen würden.

Die dritte Art ist eine Kombination aus diesen beiden. Sie besteht aus dem Schwingen Deines Armes und dem Schnappen aus Deinem Handgelenk heraus, so daß hier alles auf einmal zusammenkommt. Gute Nacht Häschen-Zeit (Ohne Scheiß, wenn Du mit dieser Mischung gut wirst, kannst Du damit Leute ins Land der Träume schicken.). Das Timing hierbei erfordert ein wenig Übung, um es zu perfektionieren, aber das ist es wert. Du mußt üben, bis der Schwung (Bogen) Deines Armes zur selben Zeit wie der Bogen des schnappenden Endes beendet wird. Wenn Du dies richtig kannst, wird nicht bloß der Aufschlag durch die Kraft Deines Armes den Typ treffen, sondern er wird vervielfacht durch die Aufschlagskraft des Peitschens.

Physik

Okay, Leute, es ist an der Zeit, eure Doktorhüte aufzusetzen. Ihr alle werdet hier für eine Zeitlang zu Physikstudenten werden (Keine Sorge, es wird nichts mit Mathe zu tun haben. Du könntest wahrscheinlich mit Mathematik die Ergebnisse ausrechnen, wenn Du es möchtest, aber ich werde Dir nur eine Situation vorgeben und Dich entscheiden lassen, wie weit Du gehen möchtest. Die Geschichte, die ich Dir erzählen werde, wird demonstrieren, wie wichtig die Gesetze der Physik hierbei sind.).

Vor ein paar Jahren lehrte ich einer Gruppe von betrunkenen Perversen, mit denen ich herumhing, den Schwertkampf. Ich hatte ihnen die Grundübungen gezeigt und ihnen gesagt, wie sie bei jeder davon ihr Handgelenk halten sollten. Es war Zeit für den stumpfsinnigen Teil des immer und immer wieder Ausführens der Techniken. Da war ein Junge namens Ron, der gelangweilt war und jammerte: „Warum muß ich dies einüben?“ Ich hörte mir dies eine Weile an und sagte ihm, daß die Bewegungen instinktiv werden müssen, was nicht nur bedeutet, das Schwert rechtzeitig an einen Punkt zu bewegen, sondern auch in der richtigen Position und dem richtigen Winkel. Er kaufte mir dies nicht ganz ab. Er meinte, er hatte sich die Bewegungen instinktiv eingeprägt und daß er bereit für seinen ersten Schwertkampf sei.

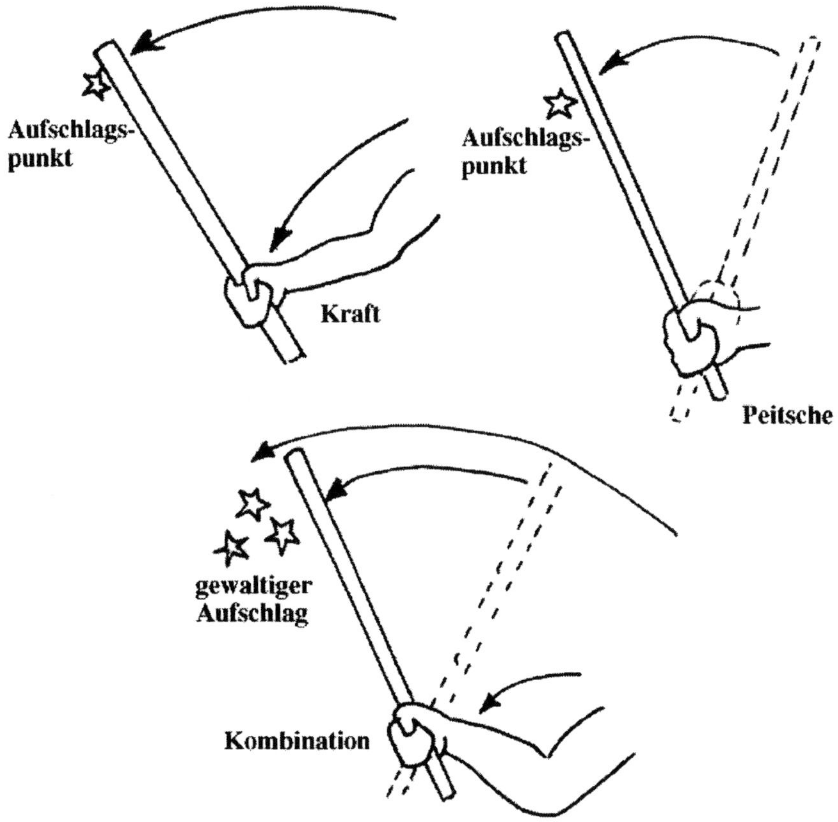

Hier werden die drei Arten der Schläge gezeigt – Kraft, Peitsche und die Kombination oder der „Schlußpunkt“.

Wie dem auch sei, Ron fuhr damit fort, mich damit zu belästigen, ihn kämpfen zu lassen. Ich sagte ihm, er soll weiterüben. Ich konnte an seinem Einüben sehen, daß er noch nicht bereit war, aber schließlich sagte ich: „Scheiß drauf. Komm her. Du möchtest kämpfen? Kämpf gegen mich.“ Dies war eine Quelle der Belustigung für den Rest der Gruppe, die wußte, was ich tun könnte. Sie alle hörten mit dem auf, was sie gerade taten, griffen nach ihren Bieren und Frauen und setzten sich hin, um mit einem schiefen, betrunkenen Grinsen zu beobachten.

Ron stand für eine Sekunde lang da und wußte nicht, was er tun sollte (bis zu diesem Zeitpunkt war es immer so, daß einer angreift und einer verteidigt, dann wurde gewechselt). Ich nahm ihm die Entscheidung ab. Das nächste, was der Junge mitbekam, war, daß ich an ihm dran war. Er begann, beim ersten Hieb zurückzuweichen, und das war alles, was er jemals tat. Ich brachte fünf Hiebe an und trieb ihn sechs Meter zurück. Beim fünften Hieb geschah es. Ron schaffte es, daß Schwert an die richtige Stelle zu bringen, aber nicht in der richtigen Art und Weise. Er blockte mit der flachen Seite der Klinge ab und sein Schwert zerbrach. Mein Schlag hatte sein Schwert über dem Griff abgehackt (wir haben den noch immer). Ron erstarrte buchstäblich und starrte auf seinen Griff. Währenddessen brachte ich dreieinhalb Kilo an Breitschwert mit kreischenden Bremsen über seinem Kopf zum Halten, bevor es ihn entzweischlug.

Ich sah ihn an und knurrte: „Falsch! Anstatt auf den Griff zu schauen, hättest Du ihn mir in meinen Rachen schieben sollen!“ Er sah mich total schockiert an. Danach übte er, ohne sich zu beschweren.

Es hat für Dich länger gedauert, um zu lesen, was passiert ist, als das Ereignis wirklich angedauert hatte. Die verstrichene Zeit bei diesem ganzen Zwischenfall betrug etwa fünf Sekunden. Dies zeigt, wie schnell dieser Kram abläuft.

Der Punkt ist der, daß der Hauptfehler, den der Junge gemacht hatte, im Bereich der Physik liegt. Deswegen ist sein Schwert zerbrochen und meines nicht. Du mußt Dir darüber bewußt sein, wie Aufschläge Deine Handgelenke, Deine Waffe und Drehpunkte im Stockkampf beein-

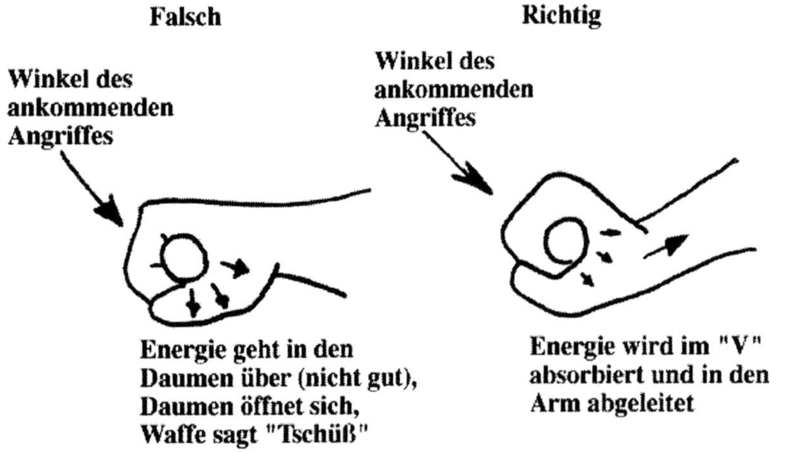

Zwei Hände im natürlichen Griff, eine mit nach außen gedrehtem Handgelenk, die andere mit nach innen gedrehtem Handgelenk, um einen Aufschlag von der Außenseite zu empfangen.

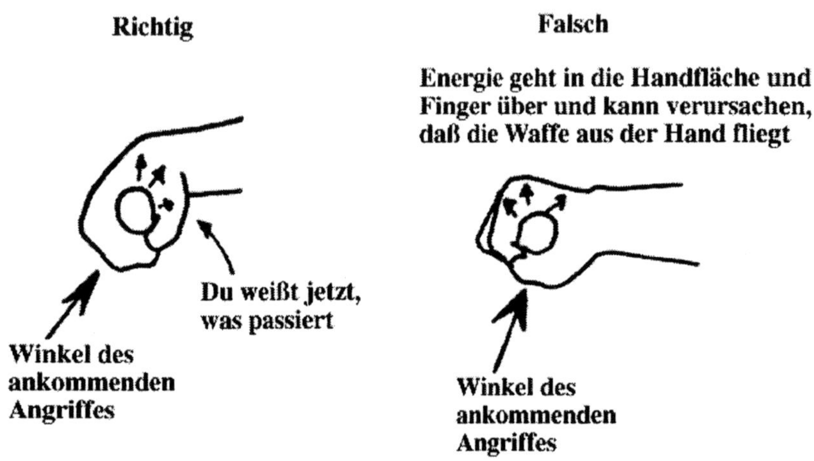

Handgelenkpositionen für das Empfangen eines Aufschlags von der Innenseite.

flussen. Dies ist es, was den meisten Leuten ihre Tour vermasselt – sie haben keine Vorstellung davon, was dabei miteinbezogen wird und warum das so ist. Jeder, der dumm genug ist, mit einem Stock gegen einen Fechter anzugehen, wird verdammt schnell lernen, wie wichtig dieser Stoff ist.

Auswirkung auf den Griff

Okay, die erste Sache, die wir uns hierbei anschauen werden, ist, wie sich der Aufschlag auf Dein Handgelenk und auf Deinen Griff auswirkt. *Wenn Du Deinen Griff nicht abänderst, um den Aufschlag frontal entgegenzunehmen, wird Dir entweder Deine Waffe aus Deiner Hand geschlagen werden oder Du wirst einen Schaden an Deinem Handgelenk erleiden!* So wichtig ist dieses Thema! Wirf zuerst einen Blick auf die nebenstehenden Zeichnungen.

Die erste Hand oben links ist in einer lausigen Position. Die Kraft des ankommenden Angriffes wird den Stock aus der Finger-Daumen-Verbindung herausschlagen und/oder das Handgelenk nach innen schlagen (die letztere Art des Aufschlags verursacht Schaden und Taubheit, was Deinen Körper abbremst).

Die zweite Hand ist in einer viel besseren Position, ob Du es glaubst oder nicht. Die ankommende Kraft wird durch das Handgelenk weitergeleitet und in den Arm abgegeben, der wie ein Stoßdämpfer fungiert. Der Energieverlust beginnt mit diesem Umlenken, und der Ellbogen und die Schulter befassen sich mit dem Rest. Da dem Angriff frontal begegnet wird, wird der Stock in das „V“ aus Hand und Handfläche zurückgeschoben (mit anderen Worten schlägt und preßt es ihn weiter in Deinen Griff hinein, anstatt aus ihm heraus).

Die selbe Sache gilt für Angriffe, die aus der anderen Richtung herankommen. Wenn Dir Dein Handgelenk locker geschlagen wird, fängt der Stock an, auf Deine Finger zu nach außen hin und schließlich aus Deiner Hand zu rollen bzw. zu fliegen. Das kommt daher, weil es Dein Daumen ist, der Deiner Hand die Haltekraft gibt.

Das einzige Mal, daß Deine Hand in einer geraden Position gehalten werden sollte, ist, um einen gerade von vorn kommenden Angriff entgegenzunehmen. Andernfalls solltest Du Dein Handgelenk ausrichten, um den Aufschlag direkt in dem V Deiner Hand aufzunehmen.

Es ist nicht wichtig, welchen Griff Du einsetzt, denn dies trifft auf alle zu. Die Grundlagen der Physik beim Kämpfen sind es, die diese Situation hervorrufen, und sie gehen über alle Stile, Techniken und Formen hinaus. Wenn Du einen Stock in die Hand nimmst, ist dies die erste Sache, die Du lernen solltest.

Auswirkung auf die Waffe

Der zweite Gesichtspunkt der Physik bezieht sich eher auf Deine Waffe als auf Deinen Griff. Der Grund dafür, warum Ron's Schwert brach, war der, daß er die schwächste Seite präsentierte, um den Angriff entgegenzunehmen. Dies ist etwas, mit dem nicht all zu viele Leute vertraut sind. Was zum Teufel wird Deine Waffe zerbrechen? Welches ist die stärkere Seite? Du mußt dies wissen. Halt mal kurz inne und überlege, auf welcher Seite eines 5 x 10 cm dicken Holzbalkens Du sicher entlanggehen kannst (Hinweis: die falsche Antwort ist die größere Zahl). Warum? Welche Seite würdest Du einsetzen wollen, um Deinen Hintern abzudecken? Macht doch Sinn, wenn Du es auf diese Art und Weise betrachtest, nicht wahr?

Darum ist es so wichtig, mit der stärksten Seite Deiner improvisierten Waffe abzublocken. Dies ist etwas, was Du nicht lernen wirst, wenn Du mit dem Shinai übst (Übungsschwerter aus Bambus). Dies liegt daran, daß das Shinai rund ist. Es gibt ein Band, das die Rückseite anzeigt, aber in einem Trainingskampf beachten die meisten Leute dieses Band (und damit alle physikalischen Realitäten) überhaupt nicht und schlagen mit jedem Teil des Schwertes aufeinander ein. Es geht nur um Schnelligkeit, aber nicht um Form. Du weißt besser verdammt gut Bescheid über die Form, wenn Du ein Vierkantholz zur Hand nimmst, um einen Typ zu bekämpfen, der ein Stück Rohr hält, denn wenn Du falsch abblockst, wird das Vierkantholz brechen.

Eng damit in Verbindung steht Masse/Geschwindigkeit contra Bruchstärke. Die Bruchstärke weist darauf hin, wie leicht etwas zerbricht oder abknickt. Laß uns als Beispiel dafür Holz ansschauen. Die zwei Sorten von Holz, die uns hier interessieren, sind Hartholz und Weichholz. Kiefer ist weich, während Eiche hart ist. Ein 3 cm dicker Kiefernstock wird leichter brechen als ein 3 cm dicker Eichenstock, weil die Kiefer eine niedrigere Bruchstärke aufweist. Wenn Du mit einem 3 cm dicken Bleirohr gegen die Kiefer schlägst, würde die Kiefer abknicken, während der 3 cm Eichenstock es nicht tun würde. Jedoch mag ein 5 cm dicker Kiefernstock in der Lage sein, den Unterschied in der Bruchstärke auszugleichen.

Obwohl einige Dinge andere Dinge zerschmettern, sind wieder andere Dinge schneller. Dies kommt von einer Sache namens *Wucht.* Wucht ist eine Kombination (Produkt) aus Gewicht (Masse) und Schnelligkeit (Geschwindigkeit). Wenn Du dabei nun technisch werden möchtest: $W = m \cdot v$. Hierbei gibt es einen Grundsatz. Bei der selben Energiemenge werden sich leichtere Dinge (m) schneller bewegen (v) als schwerere Dinge. Jedoch benötigen schwerere Dinge, die sich mit der selben Geschwindigkeit bewegen wie die leichteren, mehr Energie, um an diesen Punkt zu gelangen. Das bedeutet, daß sie eine größere Wucht (W) haben. Obwohl er sich also mit der selben Geschwindigkeit bewegt, wird der schwerere Gegenstand dabei mehr Schaden anrichten. Es erfordert unterschiedliche Energiemengen, um die Dinge ins Rollen zu bringen. Leichtere Dinge sind schneller einzusetzen, aber schwerere Dinge richten größeren Schaden an, wenn sie treffen.

Ich nahm früher für gewöhnlich einen leichten Spazierstock mit. Kein Problem. Mit ihm konnte ich vieles von dem ausschalten, was mir wahrscheinlich begegnen würde – Ketten, Messer, Nunchakus und Billardstöcke (all diese Dinge haben eine geringe Masse). Dann kam eines Tages ein Typ, der mit einem Wagenheber zuschlug. Nichts zu machen. Er hätte den Spazierstock wie einen Zahnstocher abgeknickt. Wäre ich in eine Ecke gedrängt worden, dann wäre meine einzige Möglichkeit gewesen, zu parieren, in der Hoffnung, seine Schwünge abzulenken (nicht sehr wahrscheinlich). Versuchen, sie abzublocken, würde Selbstmord gewesen sein. Glücklicherweise wurde ich nicht in die Enge getrieben und rannte wie ein Irrer davon.

Ein weiterer Gesichtspunkt dabei war, daß er damit schwingend auf mich zu kam. Das heißt, er war über die Startphase hinaus gekommen, die der Moment ist, in dem Zeit verloren geht. Laß uns dies für einen Augenblick betrachten. Es ist ein wirklicher Kompromiß zwischen Geschwindigkeit und Dampf. Eine leichtere Waffe geht schneller von der Startlinie weg. Es erfordert weniger Energie. Das bedeutet (normalerweise), daß die leichtere Waffe zugeschlagen hat, bevor die schwerere Waffe in Bewegung gebracht werden kann. Wenn auf der anderen Seite sich die schwerere Waffe aber bereits bewegt, wird die leichtere Waffe nicht in der Lage sein, sich ihr entgegenzustellen. Es ist genauso wie bei einem japanischen Reisschüssel-Motorrad gegen eine Harley. Die Reisschüssel kann viel schneller als das Bike von der Startlinie wie ein Hase lossprinten. Aber wenn sie sich auf der offenen Straße begegnen, wo die Harley im Rollen ist und von unten heraus aufdrehen kann, ist es eine ganz andere Geschichte.

Ein einfacher Weg, um dies zu betrachten, ist, daß in der Offensive mit einer leichten Waffe schneller, mit einer schweren dafür härter zugeschlagen werden kann. In der Defensive kann die leichte Waffe eine schwere nicht abstoppen. Eine schwere Waffe mag in der Lage sein, rechtzeitig an einen Punkt gebracht zu werden, um eine leichte zu stoppen.

Laß uns so tun, als ob die Bruchstärke nicht existieren würde (gewissermaßen so, als ob die Steuern nicht existieren). Um etwas eiskalt abzustoppen, mußt Du es mit der gleichen Wucht treffen. So wie zwei Autos gleicher Bauart, die mit der selben Geschwindigkeit fahren und genau mit den Frontpartien aufeinanderprallen, am Aufschlagspunkt stehenbleiben werden (theoretisch).

Was ist nun, wenn sich die Gewichte unterscheiden? Oh, oh. Wir nehmen zwei Gegenstände mit unterschiedlichen Gewichten und schlagen sie aufeinander. Einer wiegt 1,5 kg und der andere 3 kg. Um die Wucht auszugleichen, würden sich die Geschwindigkeiten unterscheiden müssen. Ein 1,5 kg-Gewicht, das sich mit 4 m/sek bewegt, würde die gleiche Wucht haben wie ein 3 kg-Gewicht, das sich mit 2 m/sek bewegt (1,5 • 4 = 6, und 3 • 2 = 6, für euch augen- und sehbetonte Leute.).

Was ist, wenn sie sich beide mit der gleichen Geschwindigkeit bewegen? 1,5 • 2 = 3, 3 • 2 = 6. Rate mal, wer danach eine Zahnbehandlung brauchen wird? (Hinweis: die größere Zahl gewinnt)

Solange sich das Leichtere nicht schnell genug bewegt, um den Gewichtsunterschied auszugleichen, hat es keine Chance zu überleben. Das war nett und schön, aber auch unrealistisch. Die Realität fügt die Bruchstärke hinzu und Gott weiß, wohin Dich das führen wird.

Deine Einstellung muß sich in der Waffe wiederspiegeln, die Dir zur Verfügung steht. Falls Du einen Spazierstock gegen einen Wagenheber einsetzt, mußt Du die Show eröffnen, denn wenn er in Bewegung gekommen ist, bist Du Hundefutter. Wenn Du den Wagenheber hast, mußt Du auf Geschwindigkeit kommen, bevor der Typ sich bewegt, denn andernfalls wirst Du es nie mehr schaffen. Dies bedeutet, daß Du jederzeit auf Dich achtgeben mußt. Wenn Du einen mordsmäßigen Klopper von Waffe hast, den Du in Bewegung setzen mußt, möchtest Du nicht, daß irgend jemand dicht an Dich herankommt, bevor sie in Bewegung ist. Wenn Du eine leichte Waffe hast, mußt Du es schnell hinter Dich bringen, oder Du wirst Geschichte sein.

Du mußt verstehen, daß es unwahrscheinlich ist, daß Du jemals irgend jemandem Mann gegen Mann auf gleichem improvisierten Waffenniveau gegenüberstehen wirst. Die einzige Möglichkeit, die ich mir vorstellen kann, ist, wenn Du in einem Bereich bist, in dem mehrere Gegenstände der gleichen Art Dich umgeben, wie etwa in einer Billardhalle, auf der Arbeit oder bei etwas derartigem. Normalerweise mußt Du das nehmen, was gerade da ist. Manchmal bedeutet dies, daß Du beim Ziehen Glück hast. Wenn Du den Knüppel bekommst und er den Stuhl, dann ist das eben so. Es mag auch umgekehrt sein. Oder im Freien ergreift er den Knüppel und Du eine Flasche, in welchem Fall Du sie ihm entgegenwirfst und Dich aus dem Staub machst, weil Du waffenmäßig unterlegen bist. Dies hier ist reales Zeug. Ich erzähle jetzt keine lustigen Geschichten oder spinne langes Seemannsgarn über die Geschichte von irgend etwas. Ich tu dies, um manchmal etwas aufzuhellen und meinen Punkt rüberzubringen, aber dies sind ernsthafte Grundlagen, die Du kennen mußt, um zu verhindern, daß Du bluten wirst. Das meiste, was dabei miteinbezogen wird, ist das Wissen über dieses Dinge – der Rest ist bloß reine Übungssache.

Ich weiß nicht, welche Arten von Dingen sich gerade jetzt um Dich herum befinden, die Du als Knüppel benutzen könntest, aber Du weißt es. Schau Dich um und schau nach, was Du einsetzen könntest, um einen Angreifer auf diese Weise von Dir abzuhalten. Wenn Du von jetzt an einen Ort betrittst, blick Dich nach etwas um, das Du einsetzen könntest, um Dich selbst zu verteidigen. Nimm Dinge in die Hand und schlage mit ihnen gegen andere Dinge. Dies wird Dir beibringen, wie man die Bruchstärke spüren kann. Beginne, nach den unterschiedlichen Waffenarten, von denen ich in diesem Buch spreche, Ausschau zu halten. Der schwierigste Teil ist es, diese Aufmerksamkeit am Anfang einzuschalten. Nach ein paar Wochen wird es beinah reflexmäßig geschehen. Fang damit an, Dinge in die Hand zu nehmen und sie von dem Standpunkt aus zu betrachten, wie Du sie einsetzen würdest, um Dich selbst mit ihnen zu verteidigen. Du hast bereits die drei Hauptkategorien, die Du kennen mußt: Reichweite (Nah, Distanz, Geworfen), Art (Schneide, Aufschlag, Aufschlitzer usw.) und Bauweise (Fest, Flexibel). Jede Waffenform, über die ich gesprochen habe oder über die ich sprechen werde, fällt irgendwo in diese Kategorien. Mit den Grundlagen in Deiner Tasche kannst Du alles, was nicht so weich wie Weingummi ist, als Waffe einsetzen (und selbst das könntest Du noch zur Ablenkung einsetzen, womit wir uns später beschäftigen werden).

Indem Du losziehst und diese Dinge in diesem Licht betrachtest, wirst Du anfangen, ein

Gefühl dafür zu bekommen, was funktionieren wird und was nicht, welche Art von Aufschlag es verkraften kann oder nicht und eine ganze Menge von anderem Kram, mit dem ich hunderte von Seiten vollschreiben könnte, um ihn zu erklären, Du ihn aber trotzdem irgendwie für Dich selbst erlernen mußt. Ich kann kein Gefühl erklären, was aber genau das ist, was das meiste bei diesem Stoff ausmacht.

Auswirkung auf die Drehpunkte

Ein weiterer Gesichtspunkt beim Schwert- und Stockkampf sind die Drehpunkte. Du hast sowohl das reine Gewicht des Gegenstands als auch den Schwerpunkt in Betracht zu ziehen. Die physikalischen Aspekte von Gewicht, Schwerpunkt und Drehpunkten sind eng mit den Griffhaltungen verbunden.

Wenn etwas 1,5 kg wiegt, ist das gut und eine prima Sache. Aber wie ist das Gewicht verteilt? Da gibt es eine Sache namens „Kopflastigkeit", was bedeutet, daß ein Großteil des Gewichts vorn in der Waffe liegt. Dies wird sich darauf auswirken, wie Du die Waffe einsetzt. Viele Kampfformen sind abhängig von einer bestimmten Art von Waffe, von denen viele kopflastig sind. Eine kopflastige Waffe handhabt sich anders als eine grifflastige. Du solltest wissen, wie man mit beiden umgeht, weil Du nie wissen kannst, welche davon Du ergreifen wirst.

Das beste Beispiel für eine kopflastige Waffe ist ein Hammer. Das ganze Gewicht liegt am gegenüberliegenden Ende von dem Teil, an dem Du ihn festhältst. Dennoch schwingst Du ihn so, daß Deine Hand der Drehpunkt ist.

Wenn Du einen Fischerhaken hast, wandert der Drehpunkt aus dem Griff hinaus, normalerweise genau vor den Griff. Dies kommt daher, weil er länger ist und es deshalb schneller ist, die Schwerkraft für Dich die Arbeit erledigen zu lassen.

Bei bestimmten kopflastigen Schwertern wandert der Drehpunkt in die Mitte der Klinge. Dies sind einzigartige Schwerter, aber sie haben viel gemeinsam mit bestimmten Sorten von Werkzeugen, die Du vielleicht zur Hand nehmen mußt.

Es gibt andere Waffen, bei denen das Gewicht gleichmäßig verteilt ist. Die Lage des Drehpunkts hängt davon ab, welchen Kampfstil Du verwendest und von der Länge Deines Stockes.

Wenn sich die Masse des Gewichts am Ende befindet, wird sich der Drehpunkt fast immer in Deiner Hand oder kurz davor befinden. Das kommt daher, weil Du das Gewicht und den Hebel genau dort hast. Wenn jedoch das Gewicht in der Spitze ist, kann sich der Drehpunkt in die Mitte der Waffe verlagern. Der Grund dafür ist, daß es manchmal einfacher und schneller geht, wenn Deine Hand nicht der Drehpunkt in dieser Operation ist.

Die einfachste Methode, um dies festzustellen, ist, wenn der Drehpunkt zum „Luftdrehpunkt" wird. Schon jemals einen Stock vor Dir in die Luft geworfen und dabei um 360° herumgewirbelt? Er dreht sich dort ungefähr für eine Sekunde, bevor er zu Boden fällt. Dies ist die gleiche Sache. Wenn Du den Drehpunkt sich nach vorn auf den Stock hinausbewegen läßt, kannst Du den ganzen Vorgang beschleunigen, indem Du Deine Hand in einem Bogen nach oben schnellen läßt. Falls Du versuchst, Deine Hand als Drehpunkt zu verwenden, beginnst Du aus einem Stillstand und setzt reine Muskelkraft ein, um das Gewicht in Bewegung zu setzen. Wenn Du ihn jedoch weiter nach außen auf den Stock verlagerst, fügst Du Hebelkraft und Schwerkraft zu Deiner Muskelkraft hinzu. Es ist die selbe Sache wie mit dem Sanduhr-

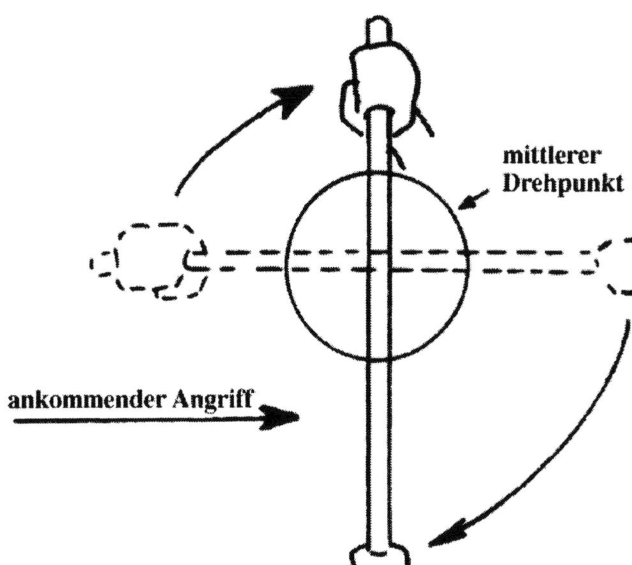

Mittlerer Drehpunkt mit sich im Bogen herumbewegender Hand.

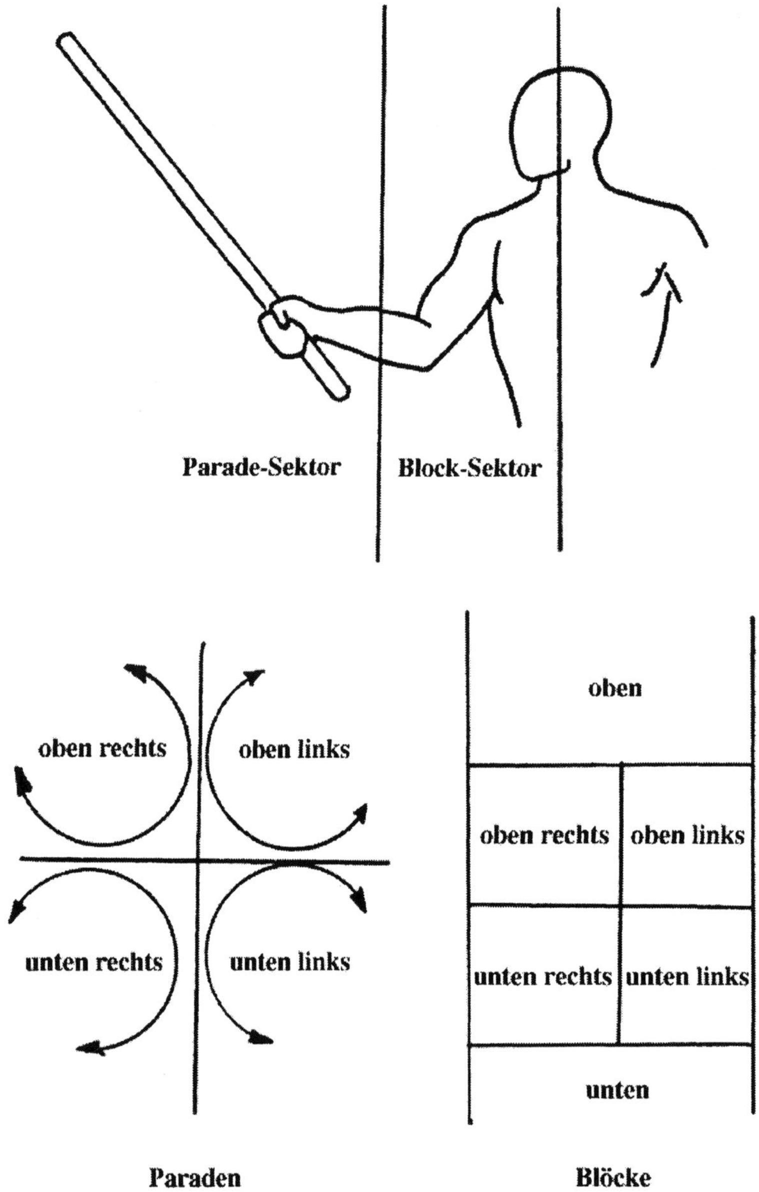

Wiederholung der zehn grundsätzlichen Fechtsektoren

Effekt bei Langstöcken. Du bewegst Deine Hand bloß um 15 cm, aber die Spitze bewegt sich um 1,8 m. Das Mistding möchte wegen der Schwerkraft zu Boden gehen, aber anstatt die Spitze herüberzuschieben, schlägst Du ihn praktisch nach unten hin weg, so als ob Du jemandem den Stuhl unter dem Hintern weghaust. Es erfordert weniger Zeit, Muskelkraft und Energie und bringt den Stock genauso wirkungsvoll zum Einsatz.

Im Bereich der Drehpunkte gibt es nun den sehr wichtigen Gesichtspunkt des Abblokkens. Du möchtest Angriffe auf oder nah an dem Drehpunkt abblocken. Wenn Du Deinen Arm anspannst und einen Angriff am Drehpunkt entgegennimmst, wird der Stoß in Deinen Arm übertragen, der zu einer Art Stoßdämpfer wird. Was Du nicht möchtest, ist, mit der Spitze Deiner Waffe abzublocken, wenn Du es vermeiden kannst. Der Grund dafür ist, daß die Spitze des Stockes Deines Gegners genug Energie hat, um in einer negativen Weise auf Dich einzuwirken. Anders gesagt mag die Kraft des Angriffes dazu führen, daß Deine Waffe sich aus Deiner Hand herausdreht, weil in der Mitte Deiner Waffe ein Drehpunkt erzeugt wird, ganz egal, ob er nun einen Augenblick vorher dort gewesen ist oder nicht.

Ich könnte noch weiter abschweifen, aber der beste Weg für Dich, um die Physik des Stockkampfes zu verstehen, ist, loszugehen und zu üben. Nun, da Du weißt, auf was Du achten mußt, wirst Du in der Lage sein, es schneller zu kapieren. All dies geht auf das Wissen über den Körper zurück – Dinge, die Du so gut kennst, daß Du, wenn Du einen Stock in die Hand nimmst, weißt, was erforderlich ist, um Dich selbst damit zu verteidigen. Der einzige Weg, um dies zu erlangen, ist durch Übung und Experimentieren. Nimm Dinge in die Hand, schwing sie herum, schlag mit ihnen gegen verschiedene Oberflächen und all solche Sachen (Mach dies vorher, oder Du wirst auf die harte Tour lernen, warum es wichtig ist, dies zu wissen.).

Blöcke

Beim Fechten gibt es eine Übung, die „Around the World“ genannt wird. Es ist eine Säbeltechnik, und sie lehrt Dich die grundlegenden Blöcke, die Du kennen solltest. Ich werde sie verfälschen und ein paar Ergänzungen vornehmen, die ich für notwendig halte. Es gibt dabei eine Zählweise, die ich völlig vergessen habe, weil ich, wie auch bei Katas, argwöhnisch gegen alles bin, was Dich lehrt, Dich nach einem vorhersehbaren Schema zu bewegen (Das gilt jedoch nur für mich; ich bin nun mal eben paranoid.).

Wieder unterteilen wir die Verteidigungsbereiche in Sektoren. Wieder schlage ich zehn Sektoren vor (mit gelegentlichen Wahlmöglichkeiten), und wiederum werden andere für alle Arten von unterschiedlichen Zahlen stimmen. Benutze das, was für Dich funktioniert! Das Ziel hierbei ist, die Arbeit erledigt zu bekommen, ohne zu detailversessen wegen der Technik zu werden.

Mit der Annahme angefangen, daß der Typ Dir gegenübersteht, haben wir vor dem Körper die Blöcke für oben links, oben rechts, oben (Deine Rübe), unten links, unten rechts, unten (Deine Nüsse) und die vier vorderen Sektoren für Paraden (wie schon im Langstockkapitel beschrieben).

Die Blöcke an den Körperseiten werden mit nach oben oder nach unten zeigendem Stock ausgeführt. Sie werden vor dem Körper ausgeführt, aber näher dran als die Paraden, und sie werden die meisten Angriffe zum Körper stoppen. Sie sind leicht zu erlernen und sollten geübt werden, während Du Dich an die todlangweilige Physik erinnerst, mit der ich Dich fast eingeschläfert habe, besonders an die Sache mit dem Aufschlag im V Deiner Hand.

Du wirst bemerken, daß irgendwo hierbei die Spitze des Stockes den Bauchnabeläquator überquert. Keine Angst, Du wirst Dich nicht mit Neptun's Tochter verheiraten müssen (Sorry, ihr Landratten, dies bezieht sich auf die Navy.). Was passieren wird, ist, daß Du irgendwo, irgendwie Deinen Stock zu drehen haben wirst (deshalb habe ich Dich mit Drehpunkten gelangweilt). Wenn das Fechten eine große Schwäche hat, ist es diese. Aus der „Wachsamkeitsstellung" (oder jeder anderen komischen

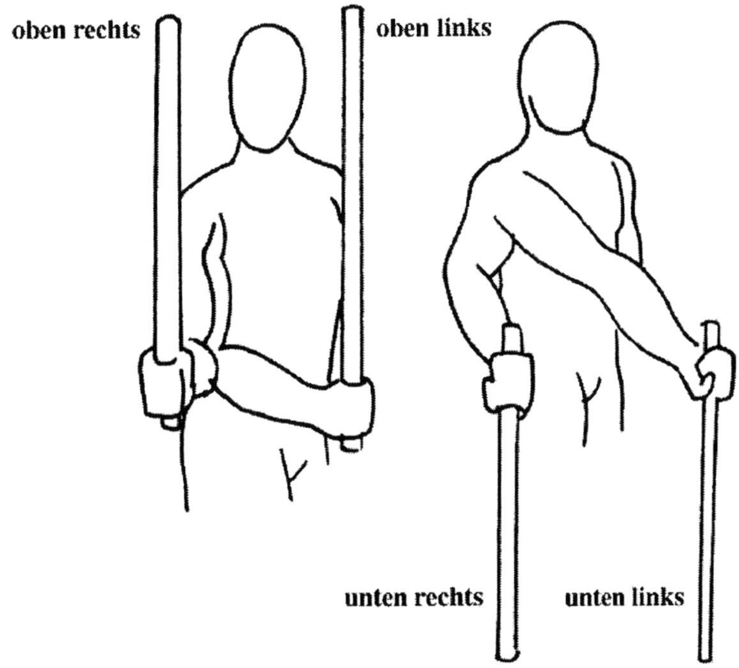

Die vier grundsätzlichen Schwertblöcke

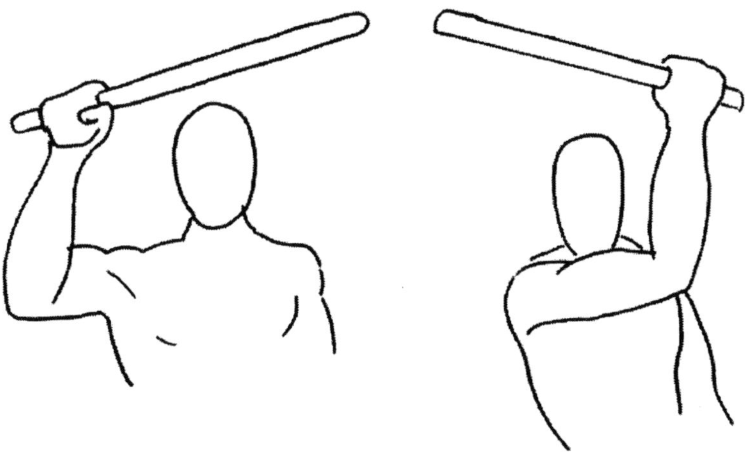

Blöcke nach oben rechts und oben links

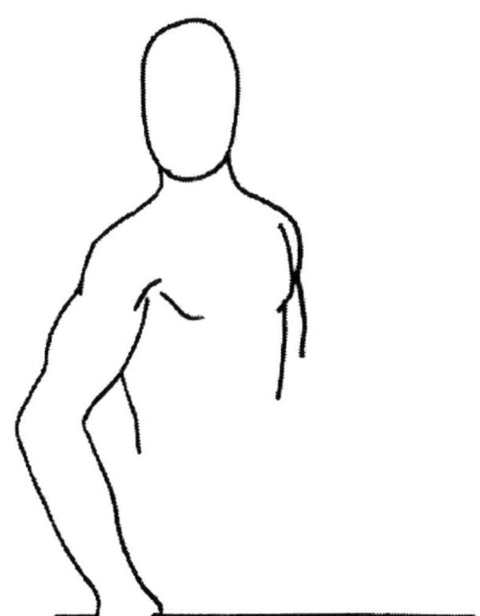

Block nach unten

Stellung, in der Du Dich wiederfindest) ist es ein bißchen ungeschickt, um die Waffe in die untere linke Deckung zu bekommen. Dies kommt daher, weil Du nicht bloß Dein Handgelenk, sondern auch Deinen Ellbogen drehen mußt. Um in die untere rechte Deckungsposition zu gelangen, mußt Du nur Dein Handgelenk drehen (Greif Dir einen Stock und Du wirst sehen, worüber ich schwatze.).

Der beste und schnellste Weg, um dies zu tun, ist, Deine Waffenspitze vor Dir anstatt an Deiner Seite herunterkommen zu lassen. Dies kommt daher, weil Du Deinen Arm nicht so viel bewegen mußt, wenn Du es vorn vor Dir tust und es weniger wahrscheinlich ist, daß Du den idiotischen Trick bringst, die gegnerische Waffe in Dich selbst hinein zu schlagen.

Hohe und tiefe Deckung

In der oberen Abteilung hast Du zwei Möglichkeiten, abzublocken: links oder rechts. Die meisten formalen Fechter lehnen den linksseitigen Block ab, weil sie denken, daß es eine eher niedere Form des Blockens ist, der es an Eleganz fehlt (Und tatsächlich ist das so. Aber wenn es um die Wahl geht, Eleganz zu zeigen oder zu verhindern, daß Dir Dein Schädel gespalten wird, kann sich die Eleganz verabschieden.).

Es ist ein ziemlich plumper Block, aus dem es schwer ist, verteidigungsmäßig irgendwo anders hinzukommen. Wenn Du also in der Defensive bist und Dich in dieser Position wiederfindest, weich entweder zurück (und verschaff Dir Zeit) oder bring sofort einen Konterschlag an. Seine wirkliche Stärke ist, daß er vorzüglich für einen ernsthaften Konterschlag zur schwächeren Seite Deines Gegners geeignet ist. Du kannst mit einem richtigen Knaller reinhauen, wenn Du das Peitschen mit Deiner Armkraft kombinierst. Wenn der Typ Dich zuschlagen sieht, wird er nochmal zu überlegen haben, ob er etwas da draußen hängen läßt, weil Du es nämlich abschlagen wirst, falls er nicht anfängt, es zu verteidigen.

Ob Du es glaubst oder nicht, aber die meisten Leute sind nicht so besonders erfahren darin, ihre rechte Seite zu decken. Deswegen ist es so schwierig, einen Linkshänder zu bekämpfen. Die schweren Angriffe kommen von einer Seite her, an die Du nicht gewöhnt bist. Wenn sich zwei Rechtshänder gegenüberstehen, enden sie normalerweise damit, sich gegenseitig gegen ihre linke Seite zu schlagen. Ihre Linke ist stärker im Abblocken, während ihre Rechte stärker im Schlagen ist. Dies ist der Grund dafür, warum erfahrene Kämpfer die Führungshand wechseln.

Der tiefe Block nach unten ist eine weitere von den Sachen, über die die Fechter spotten. Aber Schläge in die Eier sind auf der Fechtbahn eben nicht erlaubt. Die Einschränkungen sind auf der Straße ein wenig anders (Die chinesischen Formen haben keine solchen Probleme. Sie decken das alte Gebaumel mit ab.). Dieser Block ist gewissermaßen eine Art von Stopschlag gegen Bauchaufschlitzer, die in einem tiefen Aufwärtsbogen hereinkommen.

Vordere Deckungen

Für die vier vorderen Sektoren gibt es bei den Denkrichtungen zwei verschiedene Schulen – Paraden oder Blöcke. Beide funktionieren in ihrem Bereich. Abhängig von der Situation funktioniert die eine besser als die andere. Es liegt an Dir, herauszufinden, welche die „Richtige" ist.

Die Paraden sind die selben kreisförmigen Bewegungen, die im Langstockkapitel beschrieben worden sind. Sie funktionieren am besten gegen Stiche, können aber abgeändert werden, um auch gegen Schläge zu funktionieren. Der Grund dafür, warum sie auch gegen Schläge funktionieren, ist der, daß sie die Waffe Deines Gegners aus der wirksamen Reichweite wegdrehen, wodurch er für Konterschläge offen stehen wird. Es erfordert jedoch ein bißchen Übung, um an diesen Punkt zu gelangen.

Die schlechte Nachricht ist, daß die selbe Sache auch bei Dir angewendet werden kann. Es gibt verschiedene Dinge, die Du tun kannst, und sie alle hängen von den genauen Umständen ab, bei denen das Drehen passiert. Mit anderen Worten: Der einzige Weg, um es zu lernen, ist, loszuziehen und zu üben.

Wenn Du in den vier vorderen Sektoren mit Blöcken arbeitest, kommst es auf die Situation drauf an. Diese Blöcke sind grundsätzlich Schläge, aber anstatt den Körper Deines Gegners zu schlagen, schlägst Du gegen seine Waffe. Dies ist ein üblicher Kendotrick, besonders in den unteren Abschnitten. Diese Blöcke sind besonders wirksam gegen Schläge. Sie können gegen Stiche funktionieren, aber hierbei Du hast besser Dein Timing gut drauf oder Du bist im Eimer.

Das ist das Problem beim Einsatz von Blöcken gegen Stiche. Sie kommen vielleicht nicht mehr rechtzeitig an. Im Fall von Stichen bedeutet „rechtzeitig“, die sich vorwärtsbewegende Klinge vor dem Augenblick des Auftreffens in einen für Dich sicheren Bereich abzulenken. Eine Parade geht mit ein wenig Druck zur Mitte der Klinge und sorgt so dafür, daß das Ende der Klinge in eine andere Hauptrichtung geht. Ein Block gegen einen Stich muß mit einem sich schnell bewegenden Ende umgehen und versuchen, es um den richtigen Abstand wegzubewegen, der für Deine Sicherheit erforderlich ist. Nun, all dies ist die Theorie, und deshalb ist es theoretisch keine gute Idee, es zu versuchen. Im praktischen Sinn gesehen mußt Du jedoch manchmal etwas tun, was auf die Dauer betrachtet nicht so wirkungsvoll ist, um zu verhindern, daß Dein Hintern in Kürze aufgespießt wird. Übe es, verlaß Dich aber nicht nur allein darauf und auch nur dann, wenn es absolut notwendig ist. Dann sollte es Dir gut gehen.

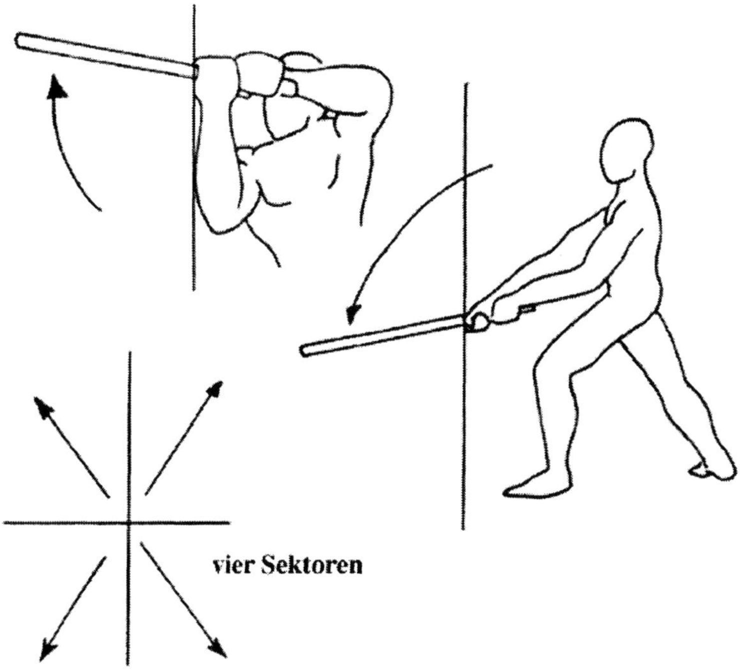

Vorder- und Seitenansicht der geschlagenen Blöcke und der vier vorderen Sektoren.

Die chinesischen und philippinischen Stil haben jede Art von anderen Blöcken für dies, das und jenes. Tatsache ist, daß, wenn Du jemals von zehn schwerttragenden Samurai umzingelt bist, es alle Arten von netten Tricks gibt, die Du einsetzen kannst, um Deinen Rücken, Körperseiten, Füße usw. zu verteidigen. Ich werde nicht auf sie eingehen, ausgenommen, daß ich sage, daß es sie gibt und Du zumindest ein flüchtiges Wissen von ihnen haben solltest. Ich habe chinesische Schwerttechniken in Kataform gesehen, aber ich hatte nie die Chance, gegen irgend jemand anzutreten, der wirklich gut darin ist.

Zuerst solltest Du losziehen und die meiste Deiner Zeit damit verbringen, Blöcke und Paraden zu üben. Die Tatsache, daß Du Deinen Hintern abdecken kannst, ist wichtiger als die Tatsache, daß Du einen schnellen Schlag hast, besonders dann, wenn der Gegner Dich an der Startlinie abgehängt hat. Es ist eine einfache Tatsache des Lebens, daß Du nicht immer den ersten Streich haben wirst. Der beste Weg, um hiermit fertig zu werden, ist, wirklich stark im Verteidigungsbereich zu sein.

Stellungen

Laß uns hier für einen Moment die Stellungen betrachten. Erinnerst Du Dich daran, was ich Dir über die japanischen Samurai und ihr kleines wechselseitiges Selbstmordspiel gesagt habe? Dabei gibt es einen interessanten Nebeneffekt. Sie haben eine ganze Menge an Stellungen, die ihre Hintern nicht allzu gut abdecken, aber aus denen sie Dir die Hucke vollhauen werden, falls Du ihnen zu nahe kommst. Aus diesen Stellungen kann man mit einer häßlichen Wirksamkeit zuschlagen. Wenn Du jemand siehst, der eine davon einnimmt, greif Dir entweder eine Stangenwaffe und fang seine Waffenspitze ab, wirf etwas nach ihm oder lauf weg. Es ist an der Zeit für die „Scheiß drauf, durchladen, PENG“-Einstellung, denn wenn Du nicht wirklich gut bist, wird der Typ Dich dabei mit sich mitnehmen.

Dies hat viel damit zu tun, warum die Leute glauben, Kendo sei so gut. Es verfügt über eine Geringschätzung für eigene Verletzungen, die schon an Geisteskrankheit grenzt (manchmal so wie bei einem betrunkenen Marine). Wenn Dein Ziel das reine Angreifen ist, dann ist Kendo die richtige Sache für Dich. Aber es erfordert mehr, um zu überleben, als bloß das Angreifen allein. Ja, es ist ein Mistding, um damit fertig zu werden, aber das waren auch die Kamikaze, und schau

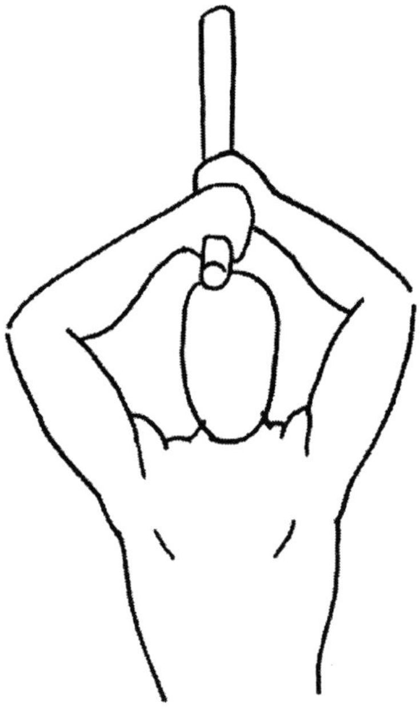

Blitzschlag-Stellung

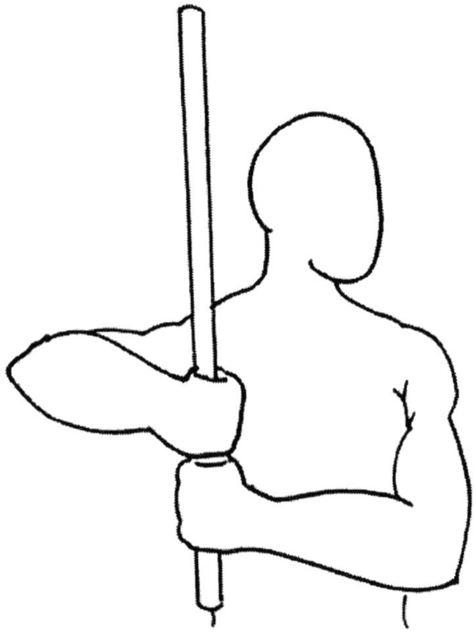

Babe Ruth-Stellung (chinesisch)

Dir mal an, wie wenige es von ihnen heute noch gibt.

Die absolut schlimmste Kendostellung, mit der man fertig werden muß, ist die mit dem Überkopfgriff, unter Klugscheißern wie mir als „Blitzschlag-Stellung“ bekannt (Ich wünsche mir noch immer, daß ein Blitzschlag den Hurensohn braten würde, der diese Pose geprägt hat und ich mir alle Arten von Ärger ersparen würde.). Es ist eine großartige Stellung, um aus ihr heraus jedem eins zwischen die Hörner zu geben, der irgendwie dicht an Dich herankommt. Ihre große Schwäche hat sie bei geworfenen Billardkugeln…oh, und kleineren Möbelstücken, Kugeln, wie eine Frisbeescheibe geworfene Aschenbecher und allem, was einer Stangenwaffe ähnelt. Dieses und Schnitthiebe zum Kopf und den Armen wird den Typ normalerweise in seiner Konzentration stören.

Die Baseball- (oder „Babe Ruth“) Stellung ist ein weiteres Mistding, um damit fertig zu werden, aus dem einfachen Grund wegen der Kraft, die sie hat. Es gibt einen richtigen Namen für sie, aber ich kann ihn nirgendwo in meiner Bibliothek finden. Falls Du auf diese Stellung triffst, trag entweder eine volle Rüstung oder setz Blöcke ein. Schläge können von oben und von unten her kommen. Achte also auf Deinen Hintern, wenn Du mit ihr zu tun hast, oder Du wirst weggehauen. Sie hat jedoch eine ernsthafte Schwäche – die gesamte linke Seite ist offen. Wenn Du also in seine Deckung eindringen kannst, greif seine linke Seite an.

Ich glaube, die nächste wird das „schlafende Schwert“ genannt, oder, falls Du ihr falsch entgegengetreten bist, als der „Nußknacker.“ Das schlafende Schwert kann Dich verdammt schnell aufwecken. Es sieht so idiotisch aus, daß Du glaubst, Du kannst ganz einfach hineingehen und dem Typ eins auf die Rübe geben. So ist das nicht, und Du kannst es nicht. Ein kendoartiges Hochschnappen aus dieser Position wird entweder die Tage Deine Zeugungsfähigkeit beenden oder Deine Knie in geleeartigen Brei verwandeln.

Glücklicherweise wird eine gerollte Mülltonne ebenfalls das schlafende Schwert aufwecken und gleichzeitig Deine Nüsse schützen.

Hier ist eine Stellung von diesen Typen, von denen ich Dir vorhin erzählt habe, der Society for Creative Anachronism (SCA). Sie sieht wirklich beknackt aus, bis Du ihr zu nahe kommst, denn dann wird Dir Dein Hintern über die Staatsgrenze gefeuert werden. Die Sache daran ist die, daß Du nicht weißt, *welche* Staatsgrenze es sein wird. Dies ist eine sehr anpassungsfähige Stellung – der Typ kann Dich von links, rechts, oben oder jeder anderen Richtung, die er auswählt, einseifen. Wenn er in die Hocke geht oder seine Beine durchstreckt, weißt Du außerdem nicht, auf welcher Höhe er Dich treffen wird. Geh los und spiel mit dieser herum, und Du wirst sehen, wie gefährlich sie ist.

Diese Stellungen sind alle wirklich sehr verführerisch, um direkt in sie hineinzuwatscheln. Die meisten Leute denken nicht vom Standpunkt „Warum hält der Typ es so im Wind flattern draußen?“ aus darüber nach. Statt dessen glauben sie, der Typ hat gerade dem Gesetz nach eine große Dummheit begangen und gehen einfach hinein, wobei sie selbst eine begehen. Falls Du gegen jemanden antrittst, der etwas so abgedrehtes macht, wie eine dieser Stellungen einzunehmen, überleg Dir ernsthaft wegzulaufen. Selbst wenn Du losgegangen bist und allmögliches Zeug geübt hast, solltest Du es auf der Straße nicht zu weit treiben, wenn Du ihm vorher nicht auf der Übungsmatte begegnet bist. Da draußen gibt es keinen Sensei, der das Aufeinandereinschlagen unterbricht, falls etwas schiefgeht.

Die Bereitschaftspositionen aus Fechten und Kendo sind etwas besser bekannt. Sie sind außerdem anpassungsfähiger, um Dich selbst zu beschützen oder um anzugreifen. Wenn die meisten Leute etwas in die Hand nehmen, werden sie eine Nachahmung dieser Stellungen vornehmen. Du wirst durch ein einfaches Hinsehen durch die Art und Weise, in der er etwas ergreift, erkennen müssen, wer trainiert ist und wer nicht. Weißt Du erst einmal über Gleichgewicht, Beweglichkeit, Deckung und anderes, auf das Kämpfen bezogene Zeug Bescheid, wirst Du wissen, wie Du ausfindigmachst, wer trainiert ist und wer nicht. Sieh Dir die Bilder auf der nächsten Seite an und errate, wer trainiert ist und wer nicht.

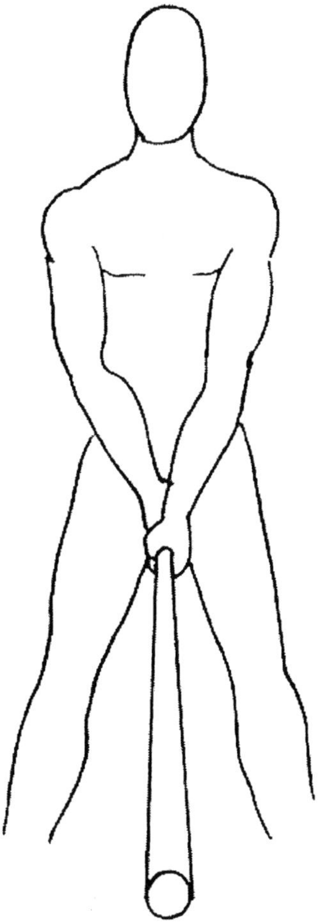

Schlafendes Schwert

Eines der wirklichen Drecksdinger, denen Du begegnen wirst, sind solche Stile, die entspannt aussehen. Der Typ wird dastehen, den Stock locker in seiner Hand haltend, die Spitze nach unten zeigend, keine richtige Stellung, die Füße nur schulterweit auseinander, der Körper leicht gedreht, die Deckung unten und ist total entspannt. PAß AUF! Der Typ hat Schnelligkeit, Beweglichkeit, Schlagkraft und eine starke Deckung auf seiner Seite. Normalerweise nehmen die Typen, die wirklich gut sind, diese Stellung ein. Es ist etwas, über das die meisten Rotznasen nichts wissen, und sie kommen ihm besser nicht in die Quere oder sie werden eine völlig neue Bedeutung des Wortes Schmerz entdecken. Erinnerst Du Dich an das, was ich darüber gesagt habe, in der Lage zu sein, ruhig zu bleiben, wenn Du weißt, daß Du geschützt bist? Achte auf Leute, die zu ruhig für die Situation sind.

Eine andere Sache, auf die Du achten solltest, sind Stile, die zwei Stöcke einsetzen. Wenn die Person weiß, was sie tut, ist es so, als ob man es mit einer vollgekoksten Windmühle zu tun hat. Er wird überall an Dir dran sein, aus jeder Richtung. Glücklicherweise bauen die meisten dieser Stile auf kürzere Stöcke und Du kannst mit ihnen fertig werden, indem Du Deinen Abstand hältst.

SCA-Stellung

•••••

Ich habe mich größtenteils über den Stockkampf ausgelassen. Jetzt liegt es an Dir, hinauszugehen und zu üben. Eine Sache, die Du tun kannst, um das Üben zu beginnen, ist, Dir einen Stock zu besorgen, der bequem in Deine Hand paßt und anzufangen, ihn herumzuwirbeln. Ergreif ihn an einem Ende und dreh ihn zu beiden Seiten ab- und wieder aufwärts. Sei vorsichtig oder Du wirst Dich selbst verdreschen (auf Deiner linken Seite, wenn Du Rechtshänder bist, auf Deiner rechten Seite, wenn Du Linkshänder bist). Um dies zu tun, mußt Du Dein Handgelenk entspannen. Hierbei ist es, wo es knifflig wird. Wenn der Stock nach oben zeigt, stopp ihn. Du möchtest in der Lage sein, den Stock zu stoppen, ohne das die Spitze wackelt. Das Ziel ist es, an den Punkt zu gelangen, an dem es so ist, als ob er einfach auf eine Mauer aus feuchtem Lehm trifft, wenn Du den Stock abstoppst. Kein Abprallen, Wackeln oder Vibrieren, sondern bloß einen Stillstand. Ich würde dazu raten, dies zuerst draussen zu tun, bis Du eine Vorstellung davon hast, wie die vergrößerte Reichweite ist. Ich habe einen Mitbewohner, der

Gute bzw. schlechte Kendo- (oben) und Fechtstellungen (unten)

mehrere Schwertlöcher in unsere Wohnzimmerdecke gestoßen hatte, bevor er gelernt hat, wie sehr dieses Zeug seine Reichweite vergrößert.

Deine beste Wahl ist, loszuziehen und irgendeine Form der Schulung aufzunehmen, sei es Fechten, Kampfkünste oder die SCA. Dies wird Dir beibringen, instinktiv auf das zu reagieren, was um Dich herum vor sich geht. Wenn Du umherwanderst, dann übe, die Dinge von dem Standpunkt aus zu betrachten, wie Du sie als Waffe benutzen würdest. Zu Anfang magst Du vielleicht verwirrt sein, aber versuch das, was ich hier gesagt habe, im Kopf zu behalten. Nach einer Weile wird alles klar und offensichtlich für Dich werden.

SCHLAGVERSTÄRKER

Siehste diese auf meiner Lippe? Ist von einem Typ mit einem verzierten Fingerring.
Ich, beim Sprechen über alte Narben.

Die meisten Leute sind sich nicht wirklich über die endlosen Variationen der Schlagverstärker bewußt. Mein Kiefer knackt manchmal noch immer, um mich an meine eigenen Prüfungen der Unwissenheit zu erinnern.

Wenn es klein und hart ist und Deine Schläge schädigender macht, ist es ein Schlagverstärker. Wenn es Deinen Schlag härter macht, ist es eine Aufschlagswaffe. Wenn es mehr Schaden anrichtet als Deine bloßen Hände es allein tun, ist es ein Aufschlitzer. Manchmal ist es auch beides zusammen.

Die hauptsächlichen Aufschlagswaffen sind Yawara-Stöcke, Todschläger bzw. Sap, Schlagringe und Schlaghandschuhe. Fingerringe, Tigerklauen und offene Fingerhandschuhe mit Metallnieten fallen in die Aufschlitzerkategorie. Laß uns anschauen, wie sich diese Waffenarten auf Dich auswirken können.

Aufschlagswaffen

Ein Yawara-Stock ist ein in der Hand gehaltenes Stück aus Hartholz oder Eisen, das die Härte Deiner Hand verstärkt, wenn Du zuschlägst. Das ist die offizielle Bezeichnung. Worauf ich mich bei Yawara-Stöcken beziehen werde, ist alles, was Du irgendwie ergreifen kannst – eine Haarbürste, eine Papierrolle voller Münzen, Lippenstift, Feuerzeug, Schraubenschlüssel, Rohrstück oder Stahlbolzen – um Deinen Angriff härter auftreffen zu lassen. Es ist alles, was um Dich herum ist und Dir hilft, die Zähne des Typs ein wenig leichter in seinen Rachen zu schlagen.

Ein Sap ist ein flacher, totschlägerähnlicher Gegenstand. Er ist nicht so groß wie ein Gummiknüppel (oder kurzer Stock). Cops tragen sie noch immer gern, weil sie jemand damit treffen können und es so aussieht, als ob sie dem Typ bloß mit ihrer Hand eins verpaßt haben. Niemand hat einen Gummiknüppel gesehen. Deshalb sind sie in Kalifornien und ein paar anderen US-Bundesstaaten verboten. Die Leute sehen sie nicht. Sie können, abhängig vom Grad der Improvisation, flexibel oder fest sein.

Genaugenommen kann ein Totschläger alles sein, von einem Stück Seife in einem Strumpf über einen Sap bis hin zu einem Schuh (Lach nicht. Ich habe mit Schuhen eins auf die Birne bekommen und anderen damit eins vor den Latz geknallt. Sie tun wirklich höllisch weh.), einem Schraubenschlüssel oder meiner beliebtesten Peinlichkeit, einem Topf.

Schlagringe sind Mistdinger. Ich bin nur einmal mit richtigen angegriffen worden. Der Typ begann zuzuschlagen und irgend etwas warnte mich vor, nicht zu blocken, sondern auszuweichen. Als ich es tat, sah ich etwas an meinem Gesicht vorbei aufblitzen. Ich wich zurück und begann meine Affe-im-Zoo-Nachahmung – ich begann, mit irgendwelchem Scheiß nach ihm zu werfen. Zu dem Zeitpunkt, als er ein paar Bierflaschen von seiner Brust abschüttelte, fielen drei Typen über ihn her. Das war das Ende davon. Ich weiß nicht, ob Schlagringe noch irgendwo in Amerika erlaubt sind [Anmerkung des Übersetzers: Schlagringe sind in Deutschland, genauso wie auch Totschläger, Stahlrute, Tekko, Surujin oder Nunchaku, nach den geltenden Waffengesetzen verbotene Gegenstände, deren Besitz schon strafbar ist.], aber Du kannst Ketten um Deine Hand wickeln oder ein Trennmesser für Austern als einen verdammt guten Ersatz verwenden. Ein Reihe von dicken Fingerringen wirkt auf die selbe Art und Weise.

Ein Grund dafür, warum wir in der Schule wegen dem Kämpfen erwischt worden sind, war der, daß unsere Knöchel nach den Kämpfen kaputt waren. Du schlägst dem Typ auf den Mund und schneidest Deine Hand an seinen Zähnen. Rote, gequetschte und blutige Knöchel untergruben wirklich unsere Versuche, zu leugnen, daß wir gekämpft hatten (Natürlich versaute mir dann auch das Prügeln im Klassenzimmer mein Alibi erst recht.). Was wir brauchten, war eine Möglichkeit, um unsere Hände von sichtbarem Mißbrauch zu schützen, ohne jedoch den Aufschlag durch eine Polsterung zu vermindern. Die Antwort waren die unheilvollen schwarzen, offenen

Totschläger **Sap** **Sap, von der Seite gesehen**

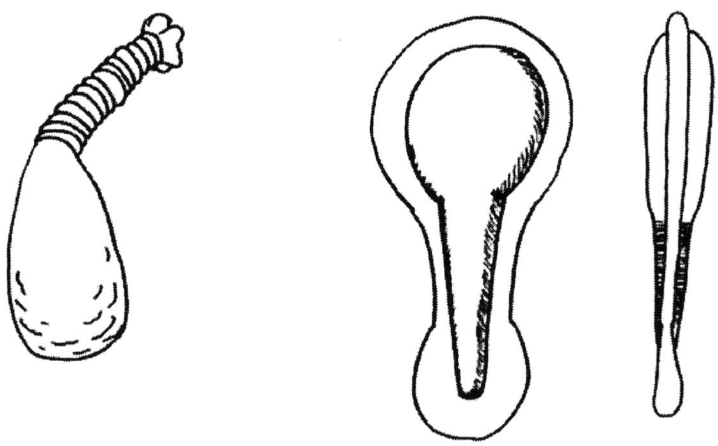

Ein Sap ist ein totschlägerähnlicher Gegenstand.

Adler-Fingerringe. Klauen und Schnäbel als Verzierungen bilden gute Aufschlitzer.

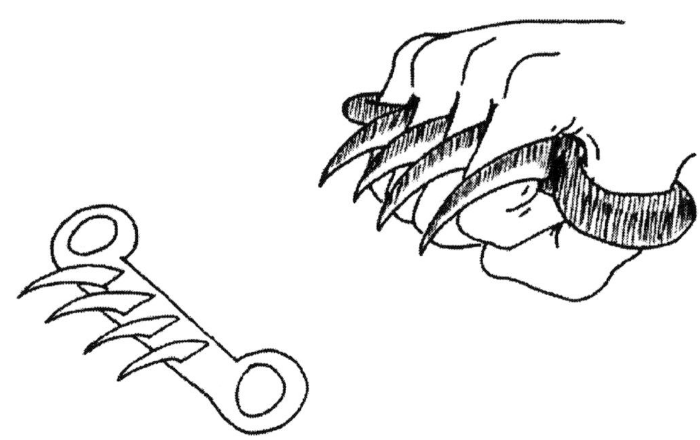

Tigerklauen, offiziell als *Bagh-nakh* bezeichnet

Lederschlaghandschuhe (Na, siehste, ist Michael Jackson nicht ein wirklich eeeecht harter Typ?). Wir waren schlau, aber es stellte sich heraus, daß sich andere schon vor uns diesem Dilemma gegenübersahen, angefangen bei den römischen Gladiatoren. Du kannst die einfachen Lederhandschuhe nehmen, um Deine Knöchel zu schützen, oder Du kannst Handschuhe nehmen mit Bleistreifen über den Knöcheln und in die Handflächen eingenähte Yawara-Stöcke oder einige der abscheulichen Punk-Rock-Nietenhandschuhe (welche, nebenbei bemerkt nur für einen, vielleicht zwei Schläge halten, wenn sie billig gemacht sind).

Aufschlitzer

In der Aufschlitzer-Kategorie hast Du alle Arten von ekligem Scheiß. Für sich allein gesehen sind sie nicht all zu erfreulich, aber wenn sie mit Gewicht kombiniert werden, werden sie ernsthaft häßlich hineinkommen. Ein alter Zimmergenosse von mir hatte ein paar Schlagringe, die das Gegenstück zu Fingerring-Aufschlitzern auf jedem der Knöchel trugen (Würg!).

Wenn Du die beste Sammlung von Fingerringen, die es gibt, sehen möchtest, geh in eine Biker-Bar. Falls Du sehen möchtest, wieviel Schaden sie in einem menschlichen Gesicht anrichten können, fang einen Kampf an. Die zwei beliebtesten Symbole im Bikerreich sind der Adler (Harley, Amerika und Freiheit) und der Wikinger (betrunkensein, plündern und Beute machen). Für den Fall, daß Du es nicht bemerkt hast: Adler haben Klauen und Schnäbel, Wikinger haben gehörnte Helme und gabelförmige Bärte.

Als Schmuck zurechtgemacht, ergibt das ein paar tolle Stücke, die überall mit scharfen Stellen versehen sind. Nicht bloß, daß der Typ aussieht, riecht und sich so benimmt wie ein Grizzlybär unter Drogen, er hat auch noch Klauen an seinen Pranken. Wenn der Aufschlag Dich nicht fertigmacht, wird es der Blutverlust tun.

Tigerklauen kommen aus Indien (Es ist schon komisch, wieviele Leute nicht glauben, daß diese kleinen Typen kämpfen können. Sie können und tun es. Die Briten schickten ständig Truppen nach Indien, um zu verhindern, daß diese verrückten Bastarde dem Empire in seinen vornehmen Hintern traten.). Wie auch immer, Tigerklauen werden offiziell als *Bagh-nakh* bezeichnet. Diese sind gewissermaßen verwandt mit den Ninja-Handklauen, den Shuko bzw. Tekagi, aber sie sind weniger für das Klettern oder Schwertabfangen gedacht. Sie bestehen aus vier (manchmal fünf) kurzen Klingen, die mit einem Metallstreifen verbunden sind. Der Streifen wird in der Handfläche Deiner Hand gehalten, während die Klauen zwischen Deinen Fingern herausschauen.

Der Hintergrund bei ihnen ist, daß es die Waffe von Mördern und Dieben gewesen ist, die Leute damit aufgerissen haben. Da der Klaueneffekt dem eines Tigerangriffs ähnelte, konnte der Angreifer für Tony gehalten werden, der aus den Hügeln herunterkam und auf etwas anderes als Frosties Hunger hatte.

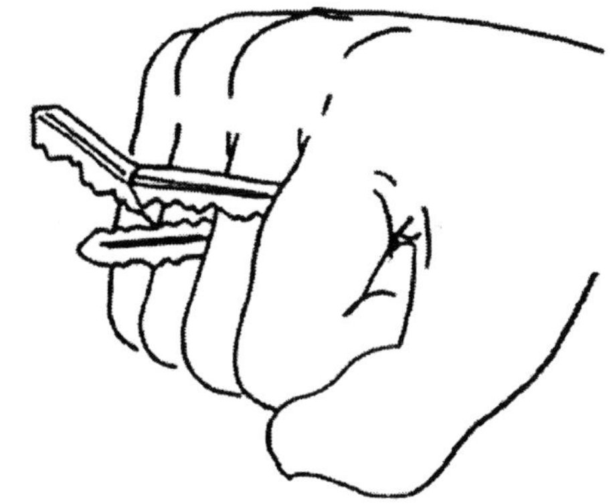

Ein Satz Schlüssel kann zu einem improvisierten *Bagh-nakh* umfunktioniert werden.

Ein Satz Schlüssel, der auf diese Art und Weise in der Hand gehalten wird, ist ein naher Verwandter des *Bagh-nakh* (Na, hört sich das nicht so an wie jemand mit einer Lungenentzündung?).

Kleine Klingen werden oftmals auf diese Weise gehalten. Rasiermesser, Taschenmesser, Nägel, Holzschrauben, Metallstücke und, in schlimmen Notfällen, sogar Zahnstocher können so eingesetzt werden.

Schutzhandschuhe können alles sein, von einem verärgerten Stachelschwein bis hin zu Panzerfäusten einer Ritterrüstung. Die Heavy Metal-, Leder & Nieten-, Rock-and-Roll-Gesellschaft ist wirklich vernarrt in diese Dinger. Wenn sie richtig eingesetzt werden, ist es ein echter Mist, dagegen anzugehen. Entweder verwandeln sie Deinen Arm beim Angriff in eine Keule oder bei der Verteidigung in eine Stachelwand. Weniger exotische Ausführungen können in verschiedenen Betrieben in Form von schweren Arbeitshandschuhen gefunden werden. Eigentlich ist ein Schutzhandschuh (solange er nicht abgeändert ist) eher für die Verteidigung als für den Angriff gedacht. Da wir hier über den Einsatz von improvisierten Waffen in der Selbstverteidigung sprechen, paßt diese Waffe sehr gut. Schon mal einen Schweißerschutzhandschuh übergezogen? Glaubst Du, mit dem wäre es nicht sicher, eine Messerklinge zu erfassen? Denk mal darüber nach. Nun weiter damit, wie man diese Dinge einsetzt.

Kämpfen mit Schlagverstärkern

Yawara-Stöcke stammen, glaub ich jedenfalls, von Okinawa, obwohl sie auch japanisch sein könnten. Wenn Du weißt, wie man einen Schlag ausführt, weißt Du auch, wie man diese einsetzt. Es gibt dabei jedoch Variationen. Mach eine Faust um eine Rolle von Geldmünzen und schau Dir Deine Hand an. Wieviele Schlagflächen hast Du? Die niedrigste Antwort sollte fünf sein. Sieh Dir die Zeichnungen auf der nächsten Seite an.

Was einen Yawara-Stock zu so einem Mistding macht, um damit fertig zu werden, ist, daß Du aus jedem Winkel zuschlagen kannst. Ein Hammerschlag, Haken, Aufwärtsschlag, gerader Schlag oder Rückfaustschlag, sie alle werden durch Yawara-Stöcke verstärkt. Ihr Hauptmangel ist, daß Dein Schlag treffen muß, damit sie funktionieren. Das bedeutet, wenn Du gegen jemand antrittst, der weiß, wie man im Allgemeinen und gegen diese Dinger im Besonderen kämpft, magst Du in Schwierigkeiten kommen. Die Methode, um gegen jemanden zu kämpfen, der einen Yawara-Stock in seiner Hand hält, ist, viel auszuweichen und Fegeblocktechniken einzusetzen [3]. Ein anderer Trick ist, abzublocken und gegen das Handgelenk Deines Gegners zu schlagen, wodurch Du den Schaden auf seine Arme überträgst, was ihn abbremst und möglicherweise dazu führt, daß er die Waffe fallenläßt. Denk mal darüber nach, weich nach hinten aus und schlag mit einem Stuhl nach ihm – das ist viel einfacher.

Wenn Du gegen einen besseren Kämpfer antrittst und Du irgend etwas hast, das Du als

[3] **Ausführlich erklärt in meinem ersten Buch *Billige Tricks, Hinterhalte und andere Lektionen***

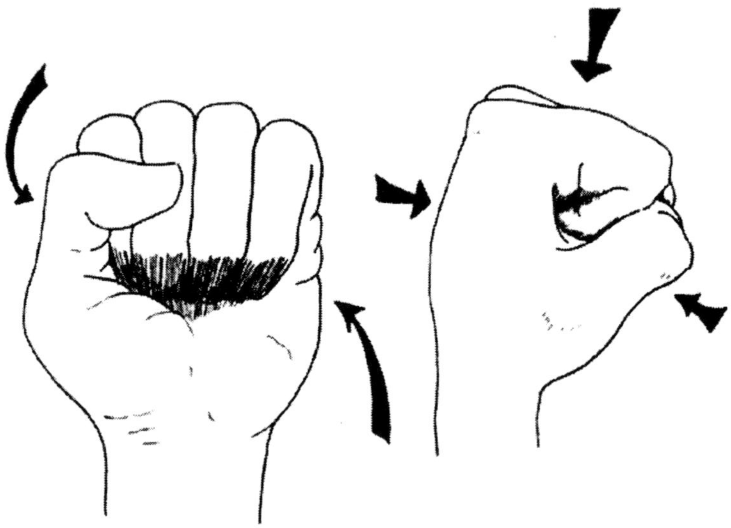

Die Faust mit ihren Schlagflächen.

Yawara-Stock einsetzt, dann ziel damit auf seine Arme, besonders auf die Oberarme. Nachdem Du dort Schäden angerichtet hast, geh zu seinen Oberschenkeln über. Dies wird ihn hoffentlich stark genug abbremsen, damit Du einen guten Abgang finden kannst.

Ich sprach von einem Yawara-Stock, der in Deine Hand hinein paßt. Oft wirst Du etwas in die Hand nehmen, das über Deine Hand hinausreicht, wie z.B eine Haarbürste, einen Schraubenschlüssel, eine Schere oder ein großes Heftklammergerät. Dies gibt Deinem Arm eine L-Form, was besonders gut zum Einfangen und Einhaken ist. Wenn jemand einen Angriff gegen Dich losläßt, kann dies eingesetzt werden, um das gegnerische Gliedmaß „wegzuschaufeln", anzuheben und zur Seite wegzudrehen. Die meisten Leute sind niemals zuvor auf diese Weise eingehakt worden und wissen nicht, daß es passieren kann.

In der selben Situation sind Schläge mit dem Yawara-Stock härter. Obwohl sie mit einem Schnappen aus dem Handgelenk wie ein kurzer Knüppel eingesetzt werden können, ist es nicht immer wirkungsvoll, dies zu tun. Was wirkungsvoll ist, ist, mit ihm „zuzustechen" (Wenn er scharf oder spitz ist, besteht eine gute Chance, daß er die Person stechen *wird,* also behalte dies im Kopf.). Wenn er stumpf ist, dient er als ein „Stachelschlag." Dies bedeutet, daß die gesamte Energie Deines Schlages je nach Waffengröße in einen Bereich von ungefähr 5-7 cm^2 gehen wird. Obwohl die Energie die selbe ist, als wenn Du ihn mit Deiner Faust triffst, würde sie bei einer Faust über einen viel größeren Bereich verteilt werden. Bei dem Yawara-Stock wird die Energie viel stärker konzentriert und ist deshalb schädigender. Sei vorsichtig mit diesen Angriffen zum Kopf. Der Stachelschlag kann buchstäblich jemandem ein Loch in seinen Kopf schlagen. Wenn er stirbt, könnte es zu einer Mordanklage für Dich führen.

Totschläger sind entweder flexibel oder fest. Sie nutzen hauptsächlich ein Schnappen/ Peitschen aus dem Handgelenk. Lederne Totschläger und Saps werden noch immer in Polizeiausrüstungsgeschäften verkauft, also erzähl mir nicht, daß sie sie nicht noch immer tragen. Die meisten Leute glauben, daß ein Totschläger eingesetzt wird, um Leute besinnungslos zu schlagen. Das stimmt, aber er wird Schaden anrichten, egal *wo* er auftrifft. Schlag jemand mit einem Totschläger gegen sein Bein und es wird für eine Weile außer Betrieb sein. Es ist schwierig davonzulaufen, wenn Du eine komische Kombination aus Mumiengang und Känguruhsprüngen machen mußt. Bierflaschen geben großartige totschlägerähnliche Vorrichtungen ab, genauso wie Schuhe. Schon mal mit einem Turnschuh eine geklatscht bekommen, geschweige denn mit einem harten Lederschuh? Es wird Deine Augen tränen lassen (Die Härte des Totschlägers, mit dem Du angegriffen wirst, wird entscheiden, ob es nur ein Anfangssschlag oder das Ende der Unterhaltung ist. Es liegt an Dir, die Betäubungszeit auszunutzen, um ein paar schwere Geschenke an seinem Kopf zu landen.).

Eine der Schwächen von Totschlägern (besonders dann, wenn sie flexibel sind) ist, daß sie ziemlich stark auf die Offensive beschränkt sind. Dies bedeutet, daß Du in der Scheiße sein könntest, wenn die Person einen Gegenangriff startet. Die meisten der Schläge sind eine Kombination aus Armschwung und Peitschen/Schnappen. Dadurch kann der Todschläger eine Lücke in Deiner Verteidigung hinterlassen, wenn Du nicht vorsichtig bist. Viele Leute wollen verdammt weit ausholen, um zu schlagen. Tatsächlich brauchst Du das nicht zu tun. Wenn Du Dich nicht ungedeckt lassen möchtest, mußt Du das Schlagen auf engem Raum üben. Dies wird hauptsächlich mit enger Arbeit aus dem Handgelenk gemacht, und die Armmuskeln spannen sich erst im Moment des Aufschlags an.

In meiner alten Nachbarschaft waren ältere Frauen ganz vernarrt darin, einen Strumpf mit einem Stück Seife bei sich zu tragen. Es war eine großartige Mischung aus Totschläger und

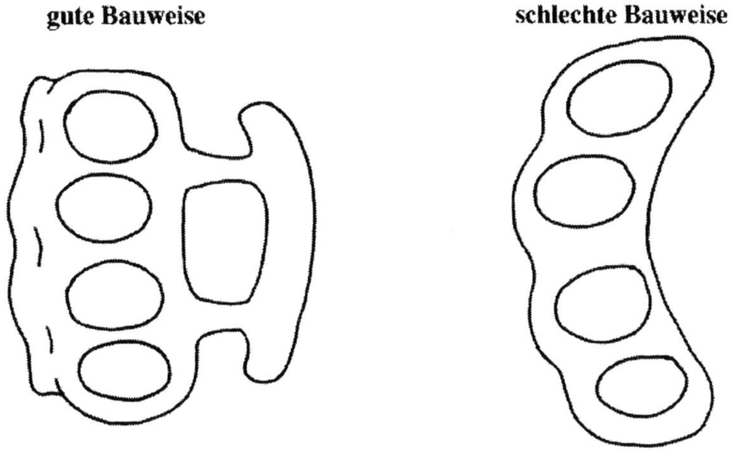

Gute Schlagringe, wie der auf der linken Seite, verfügen über einen zusätzlichen Keil, der in der Handfläche ruht.

Dreschflegel, die in völlig legale Teile auseinandergenommen werden konnte, wenn die Cops auftauchten. Es war nicht so wahrscheinlich, daß es tödlich sein könnte, aber es würde jeden jungen Rotzbengel grün und blau schlagen, der sich mit ihnen anlegte.

Verzierte Fingerringe sind etwas, das einen Augenblick der Aufmerksamkeit verdient. Es gibt zwei Wege, diese zu benutzen – langsam und kraftvoll oder schnell und chaotisch. Laß uns das nehmen, was die meisten Leute einem Biker zuschreiben – zottelig, schmierig, hart und niederträchtig. Nun, abgesehen davon, daß es Biker in unterschiedlichen Größen gibt, ist dies ziemlich zutreffend (Ich sollte hinzufügen, daß auch Cowboys diese Ringe tragen. Biker und Cowboys haben eine ganze Menge mehr gemeinsam, als ihnen lieb ist, zuzugeben. Sie benutzen ihren Geschmack für Kleidung als gegenseitige Entschuldigung dafür, nicht miteinander zu reden.). Laß uns die großen Zottels betrachten. Manchmal wirst Du sehen, daß diese Typen zwei fleischzermalmende Ringe an jedem Finger tragen. Es gibt einen guten Grund dafür: Es verteilt den Aufschlag auf ihren Fingern, d.h. sie brechen sich nicht so schnell ihre Finger, wenn sie Dich durch eine Wand schlagen. Dies erklärt auch die mordsmäßig großen Fingerringe, die von Knöchel zu Knöchel reichen. Diese verteilen ebenfalls den Aufschlag, um gebrochene Finger zu vermeiden.

Dies sind diejenigen, die hart treffen. Es gibt auch Ringe, die schnell treffen. Diese sind normalerweise kleiner und genauso scharf. Wenn Du einen kleinen Ring hast, mußt Du schnell und mehrfach treffen. Wenn Du versuchst, zu hart zu treffen, besteht eine sehr gute Chance, daß Du Dir Deinen Finger brichst. Eine andere Sache, die Du machen kannst, ist, Deinen Ring zu umwickeln und zu polstern, so daß er wie ein Stoßdämpfer fungiert.

Tigerklauen und damit verwandtes Zeug haben ähnliche Probleme. Wenn sie locker gehalten werden, können sie sich herumdrehen und in Deine eigenen Finger schneiden. Da Du es außerdem auch noch mit der Schlagkraft zu tun hast, mußt Du dabei vorsichtig sein. Ein weiterer Mist, mit dem Du fertigwerden mußt, ist der Schaden an der Innenseite Deiner Hand. Laß uns für einen Moment auch richtige Schlagringe mitbetrachten. Die absolut beste Art von Schlagring, die Du kriegen kannst, besitzt ein keilförmiges Teil, das in Deiner Handfläche ruht. Dies überträgt den Aufschlag des schlagenden Teils in die Handfläche und von dort weiter in das Handgelenk und den Arm. Dies hält den Schaden auf Deiner Seite gering.

Was Du wirklich wissen mußt, ist, daß Aufschlagskräfte in beide Richtungen wirken. Diese Dinger erlauben es Dir, hart zuzuschlagen, aber solange Du keine Vorsichtsmaßnahmen ergreifst, wirst Du Dich selbst verletzen. Betrachte es auf diese Weise. Wenn Du eine Kette um Deine Knöchel wickelst und jemand schlägst, dient die Kette dazu, den Aufschlag zu konzentrieren. Das bedeutet, sie wird dem anderen Typ mehr Schmerzen zufügen. Jedoch kam vor etwa vierzig Jahren dieser kleine Typ mit einer Theorie heraus, die besagt „$E = m c^2$“, oder einfach ausgedrückt: „Für jede Aktion gibt es eine gleichwertige und umgekehrte Reaktion.“ *Das bedeutet, daß eine gleichgroße Menge an konzentrierter Energie in Deine Hand zurückkommt!* Deine Knochen sind genauso empfindlich dafür, zu brechen wie die des Typs, den Du triffst, besonders, weil die Energie, die zurückkommt, genauso konzentriert ist wie das, was Du austeilst. Also: Ja, Du beschädigst sein Gesicht, aber zur gleichen Zeit beschädigst Du Deine Hand.

Deswegen haben gute Schlagringe einen zusätzlichen Keil für die Handfläche – er fungiert als ein Übertragungssystem. Handschuhe schützen Deine Hände, indem sie etwas von dem Aufschlag abpolstern (Die besten Fingerringe sind dreieckig. An der Vorderseite sind sie spitz, aber an der Rückseite haben sie eine breite Auflage. Die besten sind ebenfalls so entworfen, daß sie die Finger von Knöchel zu Knöchel abdecken und so als Stoßverteiler über den ganzen Finger dienen.). Richtig entworfene Tigerklauen werden in der Hand fest an ihrem Platz gehalten, so daß sie sich nicht drehen.

Wenn Du improvisierte Tigerklauen-Systeme verwendest, sei Dir darüber bewußt, daß sie sich auf Dich zu drehen werden. Nicht nur der andere Typ wird kaputtgemacht, sondern auch Deine Hand. Schlüssel, Nägel und Schrauben werden sich drehen und Deine Hand aufreißen. Wenn Du mit ihnen schlägst, werden sie in Deine Handfläche hineingestoßen. Klingen, die in dieser Position gehalten werden, drehen sich und durchtrennen Nerven, Sehnen und Blutgefäße. All dies kann Deine Handbewegungen ernsthaft einschränken. Denk nicht, daß Dir dies nicht passieren kann. Ich habe einen steifen Zeigefinger mit eingeschränkter Beweglichkeit von einem Schnitt, den ich einmal quer über einen Knöchel abbekommen habe. Wenn Du in einer improvisierten Situation eine Wahl bei den Waffen hast, solltest Du ernsthaft überlegen, etwas anderes zu ergreifen. Yawara-Stöcke sind anpassungsfähiger und einfacher für die Hände.

Armmanschetten sind Deine wahren Freunde. Ich liebe diese am Handgelenk- bzw. Unterarm getragenen Schutzmanschetten. Sie erlauben es Dir, alle möglichen Arten von Scheiß zu tun, den Du normalerweise nicht sicher tun kann. Abhängig von ihrer Bauweise, können sie eine offensive Hilfe, eine defensive Hilfe oder beides sein. Die der offensiven Art sind diejenigen, die die Heavy Metal-Headbanger und Punker mögen. Diese sind normalerweise aus schwarzem Leder mit allen Arten von Beschlagnägeln, Stacheln, Nieten und Muscheln überall auf ihnen drauf. Wenn Du all das Leder und Schaumgummi wegnimmst, sind diese Leute normalerweise dünne, ungesunde Kids, aber Du mußt auf diese Dinger aufpassen. Wenn sie richtig eingesetzt wird, ist eine schwere, beschlagene Armmanschette wie eine Keule mit konzentrierenden Aufschlagspunkten, die Dich sehr schnell ins Land der Träume schicken wird.

Die Stacheln sind ein Mistzeug, um damit fertig zu werden, weil sie, obwohl sie leicht abbrechen, noch immer scharfe Stellen zurücklassen, mit denen Du es zu tun haben wirst (Übrigens, wenn Du eins von diesen Dingern kaufst, schau Dir die Rückseite an. Was Du nicht sehen möchtest, ist die Rückseite der Stacheln. Wenn es nicht mit Leder unterfüttert ist, dann unterfüttere es. Wenn Du jemand ohne das Futter triffst, werden sich diese Dinger lösen und Deine Hand aufreißen.). Wenn Du kein trainierter Kämpfer bist, ist es keine allzu gute Idee, gegen einen mit Stacheln versehenen Gegner anzugehen. Tritt zurück und wirf mit Gegenständen nach ihm oder nimm eine Distanzwaffe in die Hand – das ist einfacher, als zu versuchen, sich direkt mit ihm zu messen. Jemand, der Stacheln trägt, hat damit zu kämpfen, daß die Leute nicht in seiner Reichweite spielen wollen.

Die beschlagenen Handgelenkmanschetten eignen sich weniger zur Offensive. Dies bedeutet nicht, daß sie nicht dafür verwendet werden können, es ist nur so, daß die Leute nicht so sehr daran denken, sie als solche einzusetzen. Sieh Dir Dein Handgelenk (oder Deinen Arm) an und benutze entweder Deinen Ellbogen oder Deine Schulter als einen Drehpunkt, und schon hast Du eine Keule. Die chinesischen Kampfformen (besonders der Kranich) arbeiten mit Schlägen mit dem Handgelenk. Wenn Du weißt, wie es gemacht wird, erweitert das wirklich Deine Schlagfähigkeiten. Wenn Du z.B. neben mir stehst, kann ich Dich immer noch auf Deinem Hintern landen lassen, ohne mich zu Dir hinzudrehen. Die meisten Bewegungen, die ich kenne, beinhalten Handgelenkschläge und Techniken mit dem Handrücken. Wenn Du daran interessiert bist, daß Deine Nase fest angeklebt bleibt, schlage ich vor, Du gehst los und überprüfst diese Sachen.

In der Verteidigung ist es, wo sich Handgelenkmanschetten bezahlt machen. Es mag an Deiner rechten Hand bzw. Handgelenk härter aussehen, aber der beste Platz, um eine Panzerung zu tragen, ist dort, wo sie gebraucht wird. Deshalb solltest Du sie an Deiner linken Seite tragen. Die Wahrscheinlichkeit spricht dagegen, daß Du gegen einen Linkshänder kämpfst. Dies bedeutet, daß die meisten Angriffe über Deine linke Seite hereinkommen werden. Die Panzerung, die von einer Armmanschette geboten wird, kann wirklich unbezahlbar sein. Ich trug immer eine lederne Handgelenkmanschette an meiner linken Hand. Sie steckte alles weg, von Knüppelschlägen über Messerschnitte bis zu einfachen Faustschlägen. Bis zum heutigen Tag ist meine Einstellung dazu: „Meine eigene Haut oder meine Rindslederhaut, rate mal, welche davon ich eher auf dem Bürgersteig zurücklassen würde?“ Einfaches Leder funktioniert ganz gut allein. Es ist weniger auffällig – und deswegen weniger bedrohlich – für die Leute um Dich herum.

Wenn Du Dich jedoch wirklich damit befaßt, ein Brecher zu sein, sind Beschläge für Dich das Richtige. Die beschlagene Version ist großartig für das Abstoppen von Rasiermessern, zerbrochenen Flaschen und Messern. Auch sind die beschlagenen Schutzhandschuhe/Handgelenkmanschetten besser dafür geeignet, um durchlöchernde, aufschlitzende Kombinationen von Aufschlagswaffen, wie Harken, Schaufeln, Heugabeln und improvisierte Keulen (z.B. ein Vierkantholz mit Nägeln) zu stoppen. Die schlechte Nachricht ist, daß Du diesen zusätzlichen Schutz durch Auffälligkeit in Kauf nehmen mußt. Wenn jemand all diese funkelnden Beschläge und Spitzen sieht, wird er nicht versuchen, durch Deinen stärksten Verteidigungsabschnitt hindurchzukommen. Er wird versuchen, darauf zu achten, wie er Dich in Deinen Schwachstellen treffen kann. Deine ganze Deckung muß diese zusätzliche Stärke in einem Abschnitt wiederspiegeln.

Eine andere Sache bei beschlagenen Handgelenkmanschetten ist, daß sie Schaden verursachen, wenn sie zum Blocken eingesetzt werden. Wenn jemand einen Schlag gegen Dich einsetzt und Du seinen Angriff abblockst, wird Dein Aufschlag mit den Beschlagnägeln, Nieten und Spitzen für ihn härter sein als nur mit Deinem bloßen Arm allein.

Ich fiel beinah lachend vom Stuhl, als ich es sah, denn es war eine perfekte Mischung aus Schutz und Tarnung. Es waren nach New Yorker Mode beschlagene Jacken. Ich sah eine, die in Höhe der Handgelenke dicht mit Nieten beschlagen war, und diese Beschläge liefen schmal weiter den Arm hinauf. Die perfekte Tarnung für eine Armmanschette! Ihre Panzerung ist als Modestil verkleidet. Du kannst dies an einem Ort tragen und auffallend aussehen, ohne die Leute zu erschrecken, und Du kannst durch die schlimmen Gegenden gehen und wissen, daß Du gegen die meisten Waffen geschützt bist. Wenn Du wirklich ultramäßig geschützt sein möchtest, dann nähe schweres Leder in die Unterarme ein. Mach das gleiche bei Deinen normalen Jacken, wenn Du findest, daß das Tragen von Beschlagnägeln nicht zu Deinem Image paßt. Auf diese Weise kannst Du umherziehen und unscheinbar gepanzert sein.

Arbeitshandschuhe sind wirklich reizend für den Schutz, den sie bieten, sowohl als Polsterung gegen den Aufschlag als auch als Schutz gegen Schnitte. Mein bevorzugter Kampfstil gegen fast alles ist mit einer Waffe in meiner rechten Hand und einer geschützten linken Hand. In dieser Eigenschaft bin ich das pure Gift. Ich bin auf diese Weise in richtigen Kämpfen gegen Messer und Knüppel angetreten, und im Training gegen Schwerter, Speere, Dreschflegel, Gläfen und eine ganze Menge anderer Sachen. Der Schutz, der von Handschuhen geboten wird, ist unglaublich. Es macht Dich nicht zu Gott, aber es erweitert Deine Selbstverteidigungstechnik ungemein.

In einem Notfall, z.B. wenn jemand eine Klingenwaffe zieht, solltest Du wenn irgend möglich improvisierte Schutzhandschuhe verwenden. Greif Dir ein Hemd, eine Jacke oder ein Handtuch und wickel es um Deinen linken Arm. Dies wird einiges an notwendigem Schutz bieten.

Eine Sache, die Du tun kannst, ist, eine einfache Lederschutzmanschette zu nehmen und bei Kleidung mit langen Ärmeln zu tragen. Da das Ding sowieso für eine bessere Handgelenkbeweglichkeit zurückgeschoben werden muß, wird der Ärmel sie meistens bedecken. Nebenbei bemerkt: Finde heraus, wie weit Dein Ärmel hinaufrutscht, wenn Du Deinen Arm vor Deinem Körper gerade ausstreckst. Dann befestigst Du den Schutz von dort aus etwa 3 cm weiter oben auf dem Arm. Dies ist etwas dafür, wenn Du an Orten bist, wo sie wirklich abdrehen bei den Gewaltrealitäten (Wenn Du z.B. Botenfahrten für ein Büro machst und sie Dich in einige dunkle Viertel schicken.).

Eine weitere Möglichkeit, um dies zu tun, ohne so auszusehen, als ob Du irgend etwas anderes als einen merkwürdigen Geschmack in Kleiderfragen hast, sind Uhrenarmbänder. Wenn Du auf Flohmärkte oder nach Mexiko gehst, kannst Du noch immer diese 1970er Herkules-Armbanduhrenbänder finden. Sie erledigen exakt das, worüber ich gesprochen habe, allerdings auf Kosten der Uhr (besser, wenn sie es abkriegt). In den selben Bereich, auch wenn sie nicht so hart wie Leder sind, gehört das, was man „Commando"-Uhrenbänder nennt. Diese sind aus einem Segeltuch- und Nylongemisch, mit einer Klappe, die die Uhr richtig abdeckt, damit niemand das Leuchten Deiner Ziffern sehen kann und Dich erschießt, weil Du dort bist, wo Du nicht vermutet wirst.

Laß uns mal annehmen, daß Du voll im Arschtreten drin bist und Du Dich wirklich nicht darum kümmerst, ob Du die normalen Steuerzahler ängstigst. Ich meine damit, Du gehst die Straße hinunter und das Testosteron schreitet Dir um zehn Schritte voraus. Frauen fallen in Ohnmacht und Männer verläßt der Mut. Ich habe einen Rat für Dich: Nicht nur, daß Du eine beschlagene und stachelige Lederarmmanschette nimmst (Laß sich die Stacheln mit diesen großen, eckigen und spitzen Beschlagnägeln abwechseln – somit ist sie sowohl zum Schutz als auch für den Angriff geeignet.), sondern Du gehst in ein Restaurant-Zubehörgeschäft und besorgst Dir etwas, daß sich Schlachterhandschuh nennt. Einige Messergeschäfte führen sie auch. Die nach altem Stil gemachten sind aus einem feinmaschigen Kettenhemdpanzer, während die neuen aus Kevlar hergestellt werden. Diese schnittfesten Sicherheitshandschuhe sind immun gegen

Messerschnitte, gewissermaßen so wie eine Königsschlange immun ist gegen das Gift einer Klapperschlange. Zum größten Teil ist er wirksam, aber es gibt Einschränkungen. Der Handschuh kann ein paar Schnitte hinnehmen, aber setz Dich nicht hin und säge an ihm herum. Wie auch immer, bringe diesen an Deiner Handgelenkmanschette an und Du hast das, was man einen Messerkampf-Schutzhandschuh nennt. Diese werden von den wirklich ernsthaften, scharfen Hunden zu speziellen Anlässen getragen. Wenn z.B. jemand hinter ihnen her ist. Das Schlechte daran ist, daß Leute, die Bescheid wissen, Dich ansehen werden und sich dafür entscheiden mögen, daß es leichter ist, Dich einfach zu erschießen.

Ich rate dazu, Armmanschetten zu tragen, wenn Du in Bereiche gehst, in denen Kämpfe üblich sind, wie z.B. die Straße, üble Nachtlokale und ähnliche Sachen. Sie ersetzen nicht den gesunden Menschenverstand, aber sie bringen das herankommende Schadensniveau herunter (und das ist es, worum sich hier alles dreht – und nicht etwa darum, so auszusehen, als ob Du gerade aus einem Steve Reeves-Film gekommen bist).

FLEXIBLE WAFFEN

Alles, was länger als breit ist, kann als improvisierte Waffe eingesetzt werden. Dies schließt auch den Typ, der neben Dir sitzt, mit ein.

Doc's drittes Gesetz der improvisierten Waffen.

Wenn Du nicht weißt, was Du tust, sind flexible Waffen nur für den Erstschlag geeignet. Du hoffst besser, daß Du den Typ mit dem ersten Schlag triffst, denn wenn er einen Gegenangriff startet, bist Du angeschissen. Du magst vielleicht in der Lage sein, weiter anzugreifen, in der Hoffnung, ihn aus dem Gleichgewicht zu bringen, so daß er nicht in der Lage ist, einen Gegenangriff vorzutragen, aber ich würde nicht darauf wetten, daß das so passiert.

Ich bin einmal in einen Kampf mit Peitschen geraten. Weißt Du was? Das war dreimal zu viel. Gegen eine flexible Waffe zu kämpfen ist eine häßliche Erfahrung, weil es keine wirkliche Verteidigung gegen sie gibt außer der, „nicht getroffen zu werden". Dies kann zustande gebracht werden durch ein Schild oder dadurch, einfach nicht dort zu sein. Eine flexible Waffe gegen eine andere flexible Waffe ist für beide Seiten ein Scheißdreck, weil es grundsätzlich so weit geht, bis eine Seite wegen Beschädigungen ausscheidet oder sich zurückzieht.

Flexible Waffen kommen in drei Kategorien vor: Aufschlag, Aufschlitzer/Aufschneider und Einfänger. Außerdem gibt es sie für drei verschiedene Reichweiten: Nah, Distanz und Geschoß (in diesem Fall geworfen). Beispiele dafür sind ein Stück Seife in einem Strumpf (Totschläger, Nahdistanz), Nunchakus (tatsächlich sowohl für Nahbereich als auch Distanz), Peitschen, Ketten, Garrotten (Würgeschlingen), Bolas (fliegende Fallen), Lassos, Gusaris (Ketten mit Gewichten) und Dreschflegel (Dreschflegel sind keine Keulen. Eine Keule ist wie ein Knüppel mit einem Gewicht an einem Ende. Es sind feste Waffen. Jedoch wird ein Stock mit einer Kette und einer Kugel am Ende Dreschflegel genannt. In diesem Sinne sind auch Nunchakus Dreschflegel.).

Es erfordert nicht viel Verstand, um sich auszurechnen, welches der häufigste Angriff mit dieser Art von Waffe ist. Du nimmst sie in die Hand und schwingst damit nach dem Typ. Großartig, wenn Du ihn triffst. Wenn nicht, versuch es nochmals. Dies geht so weiter, bis er entweder getroffen wird, wegläuft oder Vergeltung übt. Wenn er Vergeltung übt, bist Du in Schwierigkeiten.

Das ist es, was an der Art und Weise falsch ist, in der die meisten Leute flexible Waffen einsetzen, welche fast ausschließlich offensiv ist. *Dies ist kein Film!* Leute führen Gegenangriffe durch! Wenn Du nicht weißt, wie Du Dich mit flexiblen Waffen verteidigst, wirst Du sehr schnell etwas einkassieren.

Die einfachste Methode, um sich zu verteidigen, ist, es auf die selbe Weise wie mit einem Langstock zu tun. Erfaß sie an beiden Enden und übe, mit ihr abzublocken. Du kennst die Blöcke jetzt genauso gut wie ich, so daß ich mich nicht herumplagen und sie wiederholen werde.

Es gibt zwei Methoden, um diese Blöcke einzusetzen: Die eine ist hart und die andere ist weich. Laß uns eine Kette als Beispiel nehmen. Wenn Du die Kette an beiden Enden festhältst und strammziehst, ist diese hart. Du kannst dies benutzen, um einen Hieb oder Schlag abzublokken. Er wird aufschlagen und abprallen. In diesem Sinn ist es wie bei einem Langstock. Der weiche Stil ist ein einfangender Stil. Obwohl der Griff genauso fest ist wie beim harten Stil, ist die Spannung der Kette lockerer. Und zwar deshalb, damit der Aufschlag des Angriffs in der Kette wie in einem Kissen absorbiert wird. Wenn die Bewegung aufgehalten wurde, wickelst Du die Kette um die Waffe Deines Gegners herum.

Übe das Schwingen und Auffangen von und mit Ketten, Seilen und solchen Sachen, bis Du an den Punkt kommst, an dem Du sie aus jeder Lage in Deine Deckung zurückbringen kannst. Wechsel die Hände und übe mit beiden. Übe peitschenartiges Schnappen auf verschiedene Entfernungen mit verschiedenen Gegenständen. Verschiedene Arten von Ketten handhaben sich unterschiedlich, und alle lassen sich auch wiederum anders handhaben als Seile.

Die Filipinos und die Chinesen haben die besten formalisierten, flexiblen Waffentechniken. Im Wu Shu (einem Stil des chinesischen Gung Fu) haben sie Kettenpeitschen mit Messern an den

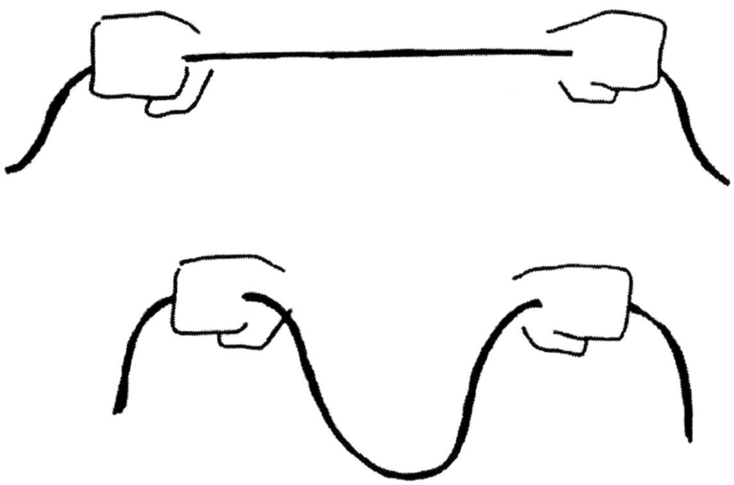

Fest und locker gehaltene Kettendeckung.

Enden. Die Filipinos haben Pananandata. Eine übliche philippinische Waffe nennt sich „Monkeyballs". Dies ist ein Seil mit knäulförmigen Knoten an beiden Enden, und Du kannst damit schwer zusammengeschlagen werden, wenn Du davon getroffen wirst. Als nächstes in der Reihe kommen die japanischen flexiblen Waffenformen. Okinawas Kobudo-Formen sind gut für flexible Waffen. Ninjutsu verfügt ebenfalls über ein paar wirklich kreative Methoden, um Dir eine reinzubrettern.

Ich kannte einen Typ, der Bandenkämpfe für gewöhnlich mit einer Bullenpeitsche auflöste. Es reicht aus, bloß einmal von einer davon getroffen zu werden, um zu wissen, warum Du ihr aus dem Weg gehen solltest. Wenn Du Dich jemals einer gut gehandhabten Peitsche gegenübersiehst, solltest Du anfangen, mit Steinen zu werfen. Große Steine, harte Steine und wenn möglich scharfkantige Steine.

Der sogenannte „Peitschenknall" ist tatsächlich ein Durchbruch durch die Schallmauer. Ein kleiner Überschalldonner entsteht. Das bedeutet, daß sich die Spitze dieses Mistdings mit über 1200 km/h bewegt. Wenn sie Dich irgendwo trifft, wird sie ernsthaften Schaden anrichten. Wenn der Typ gut ist, wird er Dir Dein Auge ausschlagen oder ein Ohr abrasieren. Ich meine es ernst, wie zielsicher jemand damit sein kann. Ich kann einen Stein von einem Zaunpfahl schlagen, ohne den Pfahl zu treffen. Wir übten immer, indem wir auf bestimmte Blätter an Ästen zielten und sie abschlugen, und ich bin nicht so besonders gut. Ich habe Geschichten gehört über Kutscher im Wilden Westen, die in der Lage gewesen sind, eine Fliege vom Ohr eines ihrer Zugpferde zu schlagen.

Die Sache mit den Peitschen ist die, daß sie Waffen sind, die am besten im freien Raum eingesetzt werden. Sie sind etwas, daß Du einsetzen möchtest, um Leute von Dir fernzuhalten. Wenn es jemand fertigbringt, durch Deine äußere Deckung hineinzukommen, kannst Du Deinen Griff umdrehen und dessen Ende wie ein Gusari benutzen. Der Griffknauf einer Bullenpeitsche kann jemand ziemlich hart erwischen.

Ketten bewegen sich anders als Seile. Einige Ketten sind tatsächlich in sich selbst verdreht, damit sie besser aussehen. Diese Art von Kette verdreht und verwickelt sich in der Tat leichter als eine einfache, normale Gliederkette, was der Grund dafür ist, daß sie nicht so heiß für Nunchakus ist. Wenn Du diese Art von Kette bei Dir trägst, *kann* es passieren.

Leichte Seile können besser so wie Peitschen eingesetzt werden als Ketten. Ein schweres Seil kann bei jemand ernsthaft aufschlagen, wenn es richtig eingesetzt wird. Es ist ebenfalls sehr schmerzhaft, am falschen Ende eines geschlagenen Gummischlauchs zu stehen.

Eine Bola ist etwas, daß eine laufende Person wirklich davon überzeugen kann, daß sie sich mit den Ameisen unterhalten möchte. Auch ein geworfenes Kettenstück wird sich bei jemand ziemlich gut um seine Beine wickeln. Monkeyballs sind dafür auch gut geeignet. Sieh nach, was um Dich herum ist, mit dem Du in der Lage sein magst, es in dieser Hinsicht zu verwenden. Ein Gewicht am Ende von einer Kette kann jemand ziemlich gut eins verpassen, wenn sich die Kette um seinen Kopf wickelt.

Garrotten sind eklige Dinger. Es gibt zwei Arten davon: Würger und Schneider. Jedes Seil, Kette, Krawatte, Gürtel oder sogar Schnürsenkel können als Würgeschlinge eingesetzt werden. Die unangenehmeren Sorten haben Handgriffe und sind aus Draht hergestellt. Diese Dinger können Menschen enthaupten. Die Methode, um sie zu verwenden, ist, sie in beiden Händen zu halten. Etwa 60 cm Länge ist das, was ich mag. Übe es an einem Zaunpfahl oder irgend etwas Leblosem (Ich habe einen Typ gesehen, der es an jemand anderem versuchte, ohne zu wissen, wie man es richtig macht. Er wurde dafür zusammengetreten.). Mit beiden Händen hinter Deinem Ziel beginnst Du, eine Hand im Kreis über den Pfosten herumzuführen. Führe eine Hand über die andere hinweg. Wenn dies passiert ist, wird Deine Garrotte in einer sich verengenden Schlinge um den Pfahl herum liegen. Wenn Du auch nur daran denkst, diese Waffe einzusetzen, mußt Du schnell und stark sein. Die Methode, um einer von diesen Würgeschlingen einen Strich durch die Rechnung zu machen, ist, Dein Kinn einzuziehen und es gegen Deine Brust zu drücken.

Gusaris und Dreschflegel sind echte Hurensöhne, um mit ihnen fertig zu werden, weil sie eine Mischung aus Peitsche (Schnelligkeit und Beweglichkeit) und Keule (zermalmt Dein Köpfchen) sind.

Gusaris sind keine Sachen, in deren Nähe Du sein möchtest.

Dies sind keine Sachen, denen Du irgendwie zu nahe kommen möchtest. Wenn irgend jemand so etwas ähnliches wie diese hervorzieht und es so aussieht, als ob er weiß was er tut, fang damit an, Einrichtungsgegenstände nach ihm zu werfen. Wenn ein Mülltonnendeckel in der Nähe ist, ist es an der Zeit, sich mit dem Schildkampf zu befassen (etwas, was die SCA oft macht).

ABLENKUNGSMANÖVER

Jugend und Geschicklichkeit werden immer überwunden von Alter und Heimtücke.
eine weitere amerikanische Provinzweisheit

Dies ist eine andere Sorte von Kapitel, denn es handelt hauptsächlich von Erstschlägen, um Deinen Gegner lange genug zu schocken, damit Du ihm eins zwischen die Hörner geben kannst. Die Anzahl der Techniken, die hierfür existieren, ist beinahe unzählbar. Ich bin immer der Bierlieferung gefolgt – wo sie hinging, folgte ich. Also sollte es für niemanden eine Überraschung sein, wieviele Male ich Kämpfe eröffnet habe, indem ich mein Bier gegen jemand geworfen habe und eine Sekunde später hart auf ihm aufgeschlagen bin.

Ich habe einen Freund, der sich zwei Typen in einem Waschraum gegenüber sah, während er mal für kleine Jungs mußte. Er drehte sich herum und pinkelte sie an. Während sie schockiert dastanden, brach er zwischen ihnen hindurch. Die Zahl der Geschichten, die meine Freunde und ich zu diesem Thema haben, ist unglaublich. Wir können stundenlang zusammensitzen und sie erzählen, bis wir aufhören müssen, weil unsere Rippen vom vielen Lachen so sehr schmerzen. Der Bereich der Ablenkungsmanöver ist wirklich derjenige, in dem die meisten improvisierten Waffen eingesetzt werden, und das ist es, auf was Du achten mußt, denn wenn Du es nicht tust, wirst Du in einer Welt voller Scheiße enden. Wenn es so aussieht, als ob Du in einen Kampf geraten wirst, gibt es ein paar Dinge, die Du tun kannst, um die Wahrscheinlichkeiten zu verringern, daß Du selbst dabei aus dem Verkehr gezogen wirst.

Schritt Eins. *Wenn der Typ nichts in seinen Händen hält und eine Bewegung macht, um irgend etwas in die Hand zu nehmen, PFEIF IHN DAFÜR AN!* Sag ihm, er soll sofort anhalten und seine Hände davon wegbringen. Wenn er sich weiterbewegt, treff ihn. Treff ihn hart und treff ihn schnell! Mach damit weiter, bis er zu Boden geht (Wenn der Typ weiter danach greift, nachdem Du ihn deswegen angepfiffen hast, kannst Du zu 99 Prozent sicher sein, daß er es benutzen wird, um Dich damit zu treffen.).

Schritt Zwei. *Wenn der Typ etwas in seiner Hand hält, nimm auch etwas in Deine Hand.* Wenn er das anspricht, sag ihm, daß Du nur die Chancen ausgleichst. Es ist am Besten, wenn Du es mit einem leichten Lächeln und in einer langgezogenen Sprachweise sagen kannst. Das ist ein „Oh, Scheiße“-Signal, falls es jemals so eins gab. Leute, die wegen Kämpfen lächeln, sind nicht die Leute, mit denen Du Dich auf etwas einlassen möchtest.

Schritt Drei. *Laß niemals seine Hände aus Deinen Augen!* Bei Gott, Du weißt niemals, was auftauchen wird, wenn Du es tust. Ich bin fast dabei gestorben, um dies zu lernen, also hör hierbei gut zu.

Schritt Vier. *Überblicke, was sich um seine Hände herum befindet.* Wenn da irgend etwas ist, das benutzt werden kann, dann sag ihm, er soll seine Hände davon fernhalten – *sofort.* Wenn er sich einen Dreck darum kümmert, gib dem Mistkerl eins auf die Glocke, bevor er Dich erwischt.

Schritt Fünf. *Am Anfang ist es in Ordnung, dem Typ in die Augen zu sehen, aber wenn es so aussieht, als ob es losgehen wird, egal was Du auch sagst, dann schau nicht in die Augen von jemandem, mit dem Du aneinandergeraten wirst, sondern schau auf seine Schultern.* Da gibt es eine Sache, die Du kennen solltest und die sich „Telegraphieren“ nennt [4]. Die meisten Leute, egal ob sie trainiert oder untrainiert sind, werden bestimmte Teile ihres Körpers bei der Vorbereitung für einen Schlag bewegen. Sehr wenige können einen Schlag ausführen, ohne ihre Schultern in einer Art und Weise anzuspannen und zu bewegen, daß es leicht zu erkennen ist. Dies trifft besonders bei Tritten zu. Solange der Typ nicht bereits in einer Trittposition ist, muß er sein Gewicht verlagern, um zu treten. Beobachte eine Kampfkunstklasse und Du siehst, was ich

4) Habe ich ebenfalls erklärt in *Billige Tricks, Hinterhalte und andere Lektionen.* Mensch, ich fühle mich wie so ein verdammter Professor: „Ich verweise zurück auf meinen ursprünglichen Leitsatz zum Thema der Motivationen bei Aggressionen zwischen Betrunkenen.“

meine. Mit der Zeit wirst Du lernen, auf diese Zeichen am Rand Deines Blickfelds zu achten, aber in der Zwischenzeit ist dies egal, weil nämlich das Richten Deiner Aufmerksamkeit auf das, was in Schulterhöhe passiert, es so aussehen läßt, als ob Du dem Typ gleich seine Kehle herausreißen wirst.

Dies sind die Grundlagen. Wenn Du mehr darüber wissen möchtest, auf was Du zu achten hast, um zu verhindern, getroffen zu werden, lies mein erstes Buch. Der Rest von diesen Sachen besteht daraus, zu wissen, was als Ablenkungsangriff eingesetzt werden kann, also was eine mögliche Bedrohung ist.

Flüssigkeiten sind Deine Freunde. Ich selbst kann wirklich nicht glauben, wie groß die Anzahl der Leute ist, die A) einen Kampf mit jemand anfangen und dabei ein Getränk in ihrer Hand halten, und B) nicht erkennen, was für eine goldene Gelegenheit ein Getränk ist. Wenn Du es hast, verspritz es! Mein Gott, Limonade und Zitrussäfte in Deine Augen geschüttet zu bekommen brennt wie Feuer! Schon mal versucht, durch einen Schoko-Milchshake hindurchzusehen? Die sind nicht besonders transparent. Dies sind die nichtalkoholischen Getränke. Denk mal an Gin in Deinen Augen. Widerlich! (Dies spiegelt gewissermaßen meine Vorliebe für Gin wider. Der ist einfach zum Kotzen! Wenn Du ihn magst, kannst Du gern meinen Anteil haben.)

Wenn Du Coke in einem Pappbecher mit Deckel trägst und es so aussieht, als ob Du in etwas hineingeraten wirst, drück den Becher zusammen und nimm den Deckel ab. Dies wird es der Flüssigkeit erlauben, schneller herauszukommen. Fang damit an, Dich umzuschauen und nachzusehen, wie oft Du Leute mit Flüssigkeiten vollspritzen, begießen oder überschütten könntest.

Kneipen und Bars bieten eine breite Vielfalt an offensiven Ablenkungsmanövern. Sie haben ebenfalls eine Menge Zeug, das Du benutzen kannst, um es auf Leute zu werfen. Abgesehen davon, daß gesalzene Erdnüsse Deinen Durst vergrößern, so daß Du mehr Getränke kaufst, haben sie einen großartigen Schrotkugel-Effekt. Erdnüsse fliegen überall hin...und dann erst all das Salz in den Augen. Junge, das ist wirklich unangenehm. Aschenbecher liegen auf der selben Linie. Das widerwärtige Zeug in den Augen ist schmerzhaft genug, aber wenn Du ihn mit dem Ascher triffst, ist es noch schlimmer. Nimm einen halbvollen Mülleimer und laß ihn mit der Öffnung voran fliegen. Einen Mülltonnendeckel aus Metall wie eine Frisbeescheibe zu werfen ist ebenfalls eine gute Methode, um bei jemand anderem sehr schnell dessen Aufmerksamkeit zu erregen.

Stühle fliegen nicht so gut von allein, aber mit Deiner Hilfe tun sie es. Schon jemals einen Stuhl von dem Standpunkt aus betrachtet, wie Du einen fliegenden auffängst? Ich geb Dir einen Tip – versuch es erst gar nicht. Ein fliegender Stuhl ist etwas, bei dem Du wirklich glücklicher sein würdest, ihm insgesamt zu entgehen. Wenn jemand einen nach Dir wirft und Du ihm nicht aus dem Weg gehen kannst, würde das Beste, was Du tun kannst, sein, zu versuchen, ihn mit einem anderen Stuhl abzuwehren (Übrigens kannst Du auch ausweichen bzw. Dich abducken, indem Du Deine Knie beugst. Keine Regel schreibt vor, daß Du nur zur Seite auszuweichen hast.).

Jemandem ins Gesicht zu spucken ist ebenfalls eine großartige Methode, um eine langandauernde Freundschaft zu beginnen. Wenn Du es jedoch tust, solltest Du besser anfangen, mit all Deiner Macht auf die Person einzuschlagen, um sicherzugehen, daß sie zu Boden geht und dort bleibt. Die Schockwirkung vom Angespucktwerden ist unglaublich. Es gab vor ein paar Jahren eine Studie, in der man herausfand, daß Leute schlimmer darauf reagieren, angespuckt zu werden als wie sie es tun, wenn sie geschlagen werden. Ich lernte dies persönlich kennen. Der letzte körperliche Kampf, in den ich mit meinem Bruder geriet, entstand, als ich ihn unabsichtlich anspuckte. Ich unterhielt mich mit jemand anderem, als ich die Tür öffnete, um zu spucken. Er kam im selben Augenblick durch die Tür. Es wurde echt häßlich.

Eine Sache, die nie aufhört mich zu verblüffen, ist die Häufigkeit, mit der Leute irgendeinen Scheiß anfangen werden, während sie an den schrecklichsten, von Gott verlassenen Plätzen stehen. Ich meine, sag mir mal, ob es schlau von dem Typ war, zu versuchen, einen Kampf mit mir am Rand eines Swimmingpools anzufangen? Von einem anderen Typ, während er mit seinem Rücken zur Bordsteinkante stand? Oder das Spektakulärste in meiner ganzen Karriere: Vor einer Bierflaschenauslage in einem Schnapsladen? (Der Besitzer sah mich an und sagte: „Er hat damit angefangen, er bezahlt dafür.") Die Antwort auf diese und viele andere Fragen lautet: „Absolut nicht!" Ein Stoß ist alles, was erforderlich ist. Ich habe auch einen Typ oben auf einer Treppe einen Kampf anfangen gesehen (er kam ins Krankenhaus), einen auf dem Venice-Pier (er ging schwimmen) und einen auf Rollschuhen (er ging zu Boden)! Ich meine ganz einfach, *seid realistisch, Leute.* Schau Dich um und schau nach, was es in Deinem Gelände so alles gibt. Ein Schubser in der richtigen Art und Weise gegen den Typ könnte Dein Problem sehr schnell lösen. Das selbe kann auch über Dich gesagt werden, also achte darauf, wo Du stehst, bevor Du in etwas hineingerätst.

Aktentaschen können aufwärts in die Familienjuwelen einer Dich belästigenden Person geschwungen oder als ein teurer, aber wirksamer Schild verwendet werden. Sie sind ein wenig sperrig in der Offensive, aber Du kannst eben nicht alles haben.

Bezogen auf zu werfende Gegenstände gilt: Wenn Du es aufheben kannst, kannst Du es auch werfen. Jeder, der schon mal Baseball gespielt hat, kann Dir sagen, wie es sich anfühlt, sich einen davon gegen die Brust einzufangen. Billardkugeln schmerzen noch mehr. Grundsätzlich gilt, je härter der Gegenstand ist, desto härter ist der Aufschlag (Eine Essenschlacht ist dagegen eine Art von Spaß. Wir hatten einen stellvertretenden Rektor an der Schule, der dumm genug war, in so eine hineinzugehen. Mein Gott, Poncho Villa hatte nicht so einen Empfang bekommen wie dieser Typ ihn bekam.).

Billardstöcke ergeben großartige Wurfspeere, wenn Du nicht mehr rechtzeitig irgendwo wegkommst. So ist es auch mit Besen, Wischmops, Schaufeln und allem anderen, was lang und stockartig ist.

Mit Katzen zu werfen ist etwas, das die Tierschützer auf die Palme bringen wird, aber eine Katze aufzufangen wird Dir Stiche an Stellen einbringen, von denen Du nicht wußtest, daß Du sie hast. Ich kenne einen Typ, der auf diese Weise beinah seinen Onkel erblinden ließ, und er spielte dabei bloß.

Für Leute, die viel lesen, sind gebundene Bücher praktisch. Wenn Du sie mit dem Buchrücken voran wirfst, klappen sie sich schnell auseinander. Dies bremst sie ab, verwandelt sie aber in das Gegenstück zu einem fliegenden Schlüsselbund (Warum *werfen* die Leute Dir einen Schlüsselbund zu? Ich meine, ich weiß nicht, wie Du das siehst, aber die Vorstellung, ein fliegendes Stachelschwein zu fangen erregt mich nicht in der Art und Weise, in der ich es mag, erregt zu werden. Ich kann verstehen, jemand damit in einem Kampf zu segnen, aber wenn Freunde sie Dir zuwerfen, mußt Du Dich über ihre Kindheit wundern. Haben sie z.B. Schmetterlingen die Flügel ausgerissen oder so etwas ähnliches gemacht?). Du kannst ein Buch auf eine bestimmte Weise erfassen und es mit einem Schnappen aus dem Handgelenk heraus über etwa eineinhalb Meter fliegen lassen, bevor es sich öffnet.

Oh, übrigens, hast Du jemals jemand gesehen, der Kronenkorken wegschnippt? Sie stecken sie zwischen ihre Finger und schnippen sie mit den Fingern weg. Dies läßt die Kronenkorken davonfliegen (Wir saßen immer auf dem Dach und tranken Bier und schauten, ob wir sie in den Garten des Nachbarn feuern konnten. Wir mochten unseren Nachbarn nicht besonders.). Ich habe verschiedene Leute getroffen, die Rasierklingen auf die selbe Art und Weise wegschnippen konnten. Ich habe nie herausbekommen, wie sie es machten, also kann ich es Dir nicht erklären, aber ich habe gesehen, daß es funktioniert.

Spielkarten, ob Du es glaubst oder nicht, können ziemlich hart so wie ein Frisbee geworfen werden. Tatsache ist, daß Du Menschen damit töten kannst, wenn Du gut genug darin bist. Es ist eine Sache der Geschwindigkeit. Es gab da einen Typ, dessen ganze Darbietung daraus bestand, Karten zu werfen und andere Kartentricks zu zeigen. Sie maßen seine Geschwindigkeit beim Kartenwerfen mit über 320 km/h. Der Typ ging auf Großwildjagd nach Afrika und brachte mit einer Karte eine Antilope zur Strecke! Er schrieb vor Jahren auch ein Buch darüber, von dem ich nicht sicher bin, ob es dies noch gibt, aber es könnte wahrscheinlich in Antiquariaten gefunden werden. Ich klebte Rasierklingen an die Karten, mit denen ich warf. Es ist so, als ob man von einer Kreissäge getroffen wird. Einmal warf ich eine nach einem Typ, die ihn verfehlte, aber in einer Wand neben ihm steckenblieb. Er entschied, daß es an der Zeit war, zu gehen. Es wurde ihm zu Ernst.

Ich könnte immer weiter und weiter über improvisierte Waffen umherschweifen, aber ich denke, Du hast nun eine grundsätzliche Vorstellung davon, was erforderlich ist, um zu lernen, wie man sie einsetzt. Mit den Grundlagen kommt das Wissen darüber, daß Du nahezu alles verwenden kannst, um Dich selbst zu verteidigen, wenn Du weißt, in welche grundsätzliche Kategorie es gehört. Vieles von dem, was Menschen in diesem Geschäft verletzt, kommt daher, daß sie den wichtigen Punkten des Kämpfens keine Beachtung schenken.

Das meiste von dem, was Du aus diesem Buch gelernt hast, kann zu den wichtigen Punkten gezählt werden. Dies sind die Punkte, die am häufigsten schiefgehen oder in formalen Kampfkunstschulen nicht gelehrt werden. Die Tatsache, daß dieser Stoff nicht gelehrt wird, ist nicht unbedingt ein Spiegelbild des Stils oder des Lehrers. Es liegt mehr daran, daß sie nicht wissen, wie es da draußen in der wirklichen Welt mit verängstigten und unvorhersehbaren Menschen zugeht. Die meisten Menschen werden niemals an einen Ort kommen, an dem sie diese Art von Wissen brauchen werden. Das ist okay. Ich persönlich verfüge aber lieber über das Wissen und brauche es nicht, als das ich es brauche und es nicht habe.

Nimm also das, was Du hier gelernt hast und benutze es als eine weitere Hilfe, um etwas über die Selbstverteidigung zu lernen. Training ist das Schlüsselwort. Trainiere sowohl Deinen Geist als auch Deinen Körper, bis diese Art von Stoff instinktiv wird. Denn dies ist der einzige Weg, auf dem es jemals nützlich sein wird.

NACHWORT

Als ich jünger war, stellte mein Mund immer Schecks aus, die mein Hintern nicht decken konnte.

Indian Mike

Ich hoffe selbstverständlich, daß Dich das, was Du hier gelernt hast, davor bewahren wird, daß Dir in einer Kneipenschlägerei Dein Schädel eingeschlagen wird. Eine Menge von diesem Zeug hier habe ich gelernt, als mir selbst damit auf den Kopf geschlagen worden ist. Mehr davon habe ich gelernt, als irgend jemand dies gegen mich vorbrachte und ich durch die Gabe der schnellen Reflexe entkommen konnte. Und noch mehr habe ich von meinen Kumpels und anderen Kriegern, mit denen ich zusammen war, gelernt.

Ich bin in meinem Leben einen wilden und verschlungenen Weg entlang gewandert. Es ist unglücklicherweise so, daß der einzige „akzeptable" Weg, um in unserer Gesellschaft als Krieger angesehen zu werden, über das Militär führt, denn leider ist der Großteil unseres Militärs zu einer Bürokratie geworden. Wenn Du zu wild bist, um ein militärischer Schwätzer zu werden, gibt es nicht all zu viele Möglichkeiten, ein Krieger zu werden, die Dich schließlich nicht auf den Pfad des Outlaws führen werden.

Es hat gute und schlechte Zeiten während meines Lebens auf dem Outlaw-Pfad gegeben. Dennoch frage ich mich manchmal, was aus mir geworden wäre, wenn ich mich nicht dafür entschieden hätte, die Straßen entlang zu gehen, die ich begangen habe. Ich weine nicht über die Karten, die das Leben mir zugespielt hat, aber manchmal frage ich mich, wieviel von der Scheiße, durch die ich gegangen bin, ich mit einer anderen Einstellung hätte vermeiden können. Einer meiner schlimmsten Feinde über Jahre hinweg war mein Temperament. Trotzdem war es auch eine meiner größten Stärken (oder so dachte ich seinerzeit jedenfalls).

Wenn Du ein hitziges Temperament hast, würde ich gern etwas auf Dich einwirken lassen (Wenn nicht, lies dies trotzdem. Es wird Dir etwas über die Leute sagen, die ein solches haben.). Es mag sich verrückt anhören, aber ein Teil von dem, was wirklich zu einem schlechtes Temperament beiträgt, ist die Zeit. Ich hatte immer ein häßliches Temperament. Ich war kein Schreier, sondern ich war ein ruhiger Verrückter. Normalerweise amüsierte ich mich und hatte eine gute Zeit, hing herum und lachte mit den Leuten. Ab und zu jedoch wurde irgend jemand sauer wegen „diesem abgedrehten Typ" und versuchte, seine eigene Dosis von dem einzuschieben, wie sich ein Mann benehmen sollte (Was sie nicht wußten, war, daß ich so laut lachte, weil es so sehr schmerzte.). Ich ließ eine Menge Schmerz und Zorn ab, indem ich die Hölle ausbrechen ließ. Diese Leute entdeckten, daß sich abgedreht sehr schnell in Wolf übersetzte. Der Machoman entdeckte plötzlich, daß er ein *wirkliches* „Tier" in die Ecke gedrängt hatte. Nicht (wie er gedacht hatte) einen kleinen Typ, der sich selbst Animal nannte, sondern jemand, der sich diesen Namen wirklich verdient hatte (Nebenbei gesagt gebe ich mir selbst keinen Namen. Ich bekam ihn, als ich ein Geschäftsführer/ Rausschmeißer in einem Restaurant in der Nähe von Venice war.).

Ich sagte immer: „Wenn ich jemals aufhöre zu lachen, werde ich jemanden töten." Obwohl das nicht ganz wahr ist, lag ich auch nicht völlig falsch. Es lief auf die Tatsache hinaus, daß ich, wenn ich es nicht irgendwie fertigbrachte, einen Weg zu finden, um den Dampf abzulassen und mich selbst zu heilen, damit enden würde, ziemlich ernsthaft tot zu sein. Ich kam nie an den Punkt des direkten Selbstmords, aber Sachen zu machen wie mit einem Partner in eine Billardhalle zu gehen, um einen Angestellten fertigzumachen, mit dem klaren Verständnis dafür, daß die gesamte Halle sich gegen uns wenden würde, war nicht gerade die Handlung einer geistig völlig gesunden Person.

Glücklicherweise fand ich einen Schlüsselpunkt für mein Temperament: die Zeit. In der westlichen Kultur neigen wir dazu, sie auf die falsche Art und Weise zu betrachten. Menschen im Westen neigen dazu, die Zeit als eine einspurige Sache zu sehen. Sie denken bei ihr an eine Linie, die von der Vergangenheit über die Gegenwart bis in die Zukunft geht. Die Asiaten sehen sie in einer kreisartigen Form, die sich in alle Richtungen ausdehnt. Wenn Du Dich umschaust, siehst Du, daß die meisten Menschen entweder in der Vergangenheit (herrliche Zeiten) oder in der Zukunft (wenn ich es bis ganz nach oben geschafft haben werde) leben. Sie versuchen, der Gegenwart zu entkommen, weil die Gegenwart zu schmerzhaft ist (oder sie das glauben). Dann gibt es aber auch Menschen, die in der Gegenwart gefangen sind. Dies kann häßlich werden.

Die meisten Leute, die in der Vergangenheit leben, sehen in ihr diese wunderbare Zeit des Glücklichseins und der Freude. Ein Teil von dem, was sie motiviert, um dies zu tun, ist die Tatsache, daß sie damals nicht wußten, was sie heute tun. Im wahrsten Sinne des Wortes wünschen sie sich, dies zu ignorieren. Sie möchten in die Zeit zurückkehren, in der sie nichts über die Verantwortung im Leben wußten. Viel Glück. So funktioniert es nicht.

Leute, die in der Zukunft leben (diejenigen, die ständig planen und entwerfen, was sie als nächstes tun werden), versuchen, vor der schmerzlichen Vergangenheit davonzulaufen. Es ist so, als ob Du versuchst, vor Deinem eigenen Schatten wegzulaufen. Je schneller Du läufst, desto schneller läuft er. Dies sind die Leute, die sich um die 40 herum in Alkoholiker verwandeln, weil sie jeden Plan versucht haben, den sie sich nur vorstellen können, um dem Schmerz zu entkommen. Aber er blieb immer bei ihnen. Wie war das Zitat? Ach ja: „Scheiße, Mann, wenn ich meine Sorgen ertränken könnte, würde ich nicht trinken müssen."

Die dritte Sorte sind die Menschen, die das schlimmste Temperament haben. Dies sind die Leute, die im hier und jetzt gefangen sind. Sie schalteten den Blick in die Vergangenheit ab, weil es dort zu viel Schmerz gibt, und alles, was sie in der Zukunft sehen können, sieht ziemlich genauso schlimm aus. Also haben sie diesen Kanal ebenfalls abgeschaltet. Diese Leute haben alle Arten von Schmerzen, die sie aus der Vergangenheit begleiten, aber sie sind zu einem toten Winkel geworden. Alles was sie haben, sind die Gefühle, aber wenig Erinnerung oder Einsicht. Dies bedeutet, welche Gefühle sie auch immer gerade jetzt haben, es ist alles, was sie sehen können. Es bricht aus ihnen hervor, packt sie an der Kehle und den Eiern und wirft sie quer durch den Raum. Diese Leute sind vollkommen gefangen von ihren Gefühlen und haben keinen konstruktiven Weg, um mit ihnen fertigzuwerden. Die Sache bei diesen Leuten ist, daß sie wandelnde Zeitbomben sind, die darauf warten, loszugehen. Einige von ihnen halten nicht Ausschau nach Zielen für diese Explosion, aber andere schon. Diejenigen, die es nicht tun, enden normalerweise darin, sich irgendwie selbst zu zerstören. Solange Du nicht auf irgendeine Weise mit ihnen zu tun hast, ist das deren Problem. Bei denen, die nach einem Ziel Ausschau halten, kann es zu Deinem Problem werden, weil sie es zu Deinem Problem machen wollen.

Du mußt in der Lage sein, diese Leute ausfindig zu machen, weil jeder, der total von seinen Gefühlen eingewickelt ist, nicht mehr vernünftig ist. Wenn Du vom Kämpfen sprichst, ist es dies, wobei es zählt. Der Typ mag eine Sicherung durchbrennen lassen und hinter Dir herkommen. Diese Leute sind gefährlich. Sie sind von der Sorte, die zuerst eine Waffe zieht oder Dich später aus dem Hinterhalt angreift, ohne einen anderen Gedanken zu haben als den, ihre emotionale Bestie zu füttern, die im Moment die Kontrolle über sie hat. Dies sind oft die Leute, die töten oder getötet werden. Deine Aufgabe ist es, Dich nicht bei ihnen mit hineinziehen zu lassen, solange Du nicht wirklich eine Leiche oder ein Killer sein möchtest.

Dieser Geisteszustand ist dem ähnlich, den die meisten Leute als Teenager durchleben, wenn die Welt plötzlich viel größer ist, als sie dachten und ihre Hormone sie an der Nase packen und in irgendeine Richtung ziehen. Solange kein Weg gefunden wird, um das Weltmodell der Person zu erweitern, so daß es mit diesen vielen Eingaben fertig werden kann, wird ihr schließlich eine Sicherung durchknallen. Unglücklicherweise legt sich dieser Kram, anders als die Pubertät, nicht im Laufe von ein paar Jahren wieder. Es erfordert einige ernsthafte, schmerzhafte Arbeit, um Dich davon zu befreien. Dies ist etwas, von dem die meisten Leute glauben, daß sie es niemals tun können, so daß sie dabei bleiben, bis sie es eines Tages vermasseln und die Scheiße passiert.

Die Sache ist die, daß sich die Cops nicht darum kümmern, warum jemand so ist wie er ist. Es zählt für sie nicht, daß jemand als Kind mißhandelt worden ist. Was zählt, ist, daß dort ein Körper auf dem Boden liegt. Wenn es Deiner ist, nun, dann brauchst Du Dir sowieso nicht mehr darüber Sorgen zu machen. Wenn es der des anderen Typs ist, fangen Deine Probleme gerade erst an.

Deshalb ist es so wichtig, Dein Temperament in den Griff zu bekommen. Du betrittst einen Bereich, in dem die Verwicklungen Deiner Handlungen ernst sein können. Du siehst es so, als ob Dein Temperament nicht das Leben von jemand anderem versauen kann. Das kann es. Aber viel wahrscheinlicher wird es Deins sein. Früher oder später wird die Rollbahn für Dich enden, und die Heimzahlung ist eine scheußliche Sache. Also tu Dir selbst einen Gefallen und fang an,

Dein Temperament zu bearbeiten, bevor es Dich umbringt.

Nebenbei bemerkt ist der Stoff in diesem Buch ebenfalls nicht als Spaß gedacht. Dies ist kein leichtes Spiel. Ob Du legal oder illegal in Deinem Leben handelst zählt nicht. Du spielst trotzdem immer um einen ernsthaften Einsatz bei diesem Stoff. Ich hatte einen Mitbewohner, der Leichenbeschauer in Miami war. Er packte immer Leute in Leichensäcke, die glaubten, es sei ein Spaß. Wir beide bekommen heutzutage beim Gestank von Blut eine kniezuckende Reaktion wegen dieser Art des Denkens.

Wie dem auch sei, jetzt, wo ich Dir erzählt habe, warum das Temperament im Bezug auf Waffen eine schlechte Sache ist, denke ich, daß es nur fair ist, Dir ein paar Vorstellungen davon zu geben, wie Du damit umgehen kannst. Gewissermaßen so: „Nun, ich habe Dir Deine Klamotten heruntergerissen, weil sie voller Bienen waren. Also gebe ich Dir jetzt besser einen Mantel oder irgend etwas anderes zum Anziehen."

Eine der härtesten Sachen, die ich zu tun hatte, war der Falle des „hier und jetzt" zu entkommen. Das meiste davon hatte damit zu tun, mich selbst zu heilen. Es gibt zahlreiche Methoden, um es zu tun, und Du mußt Deine eigene finden (Unglücklicherweise kann diese Leere nicht durch Alkohol oder Aerobic ausgefüllt werden.). Ich mußte zurückblicken und mich an meine Vergangenheit erinnern. Dort gab es eine Menge an häßlicher Scheiße, der ich nicht ins Gesicht sehen wollte. Die Sache war die: Solange ich nicht anhielt und ihr ins Auge spuckte, verfolgte sie mich weiter in die Scheiße hinein. Ich lief vor ihr weg und landete in einer Kneipenschlägerei, die soweit eskalierte, daß mich Leute jagten. Um zu überleben, mußte ich kämpfen, laufen, Hinterhalte legen, wieder kämpfen, laufen, bis es einen krank macht. Bevor ich es im Griff hatte, brachte mich mein Mundwerk und mein Temperament weiterhin in die Scheiße hinein. Viele Male in dieser Zeit gab es Leute, die eher gegen mich vorgingen als nachzusehen, was innerhalb von mir vor sich ging.

Als ich erst einmal zurückschaute, erkannte ich etwas sehr Wichtiges. Diese Scheißkerle hatten unrecht. Sie waren Arschlöcher. Die Sachen, die sie mir antaten und zu mir sagten, waren Blödsinn. Wenn sie mich über die Vergangenheit belogen hatten, konnte ich verdammt sicher darauf wetten, daß sie mich auch über die Zukunft belogen hatten. Sie hatten es. Also begann ich, mich umzusehen und alle Begriffsbestimmungen, die mir mitgegeben worden sind, in Frage zu stellen. Du weißt schon, kleine Dinge wie Richtig, Falsch, Gut, Schlecht, Liebe, Haß, Männer, Frauen und natürlich mich. Nach ein paar Abstechern in Webster's Enzyklopädie entdeckte ich einige ziemlich dicke Fehler in den Erklärungen, die man mir gegeben hatte. Die andere Sache, die ich lernte, war die, daß niemand, um den ich mich kümmerte, starb, wenn ich nicht deren Erklärungen verwendete. Wenn ich es zum Besseren abänderte, geschah das Armageddon noch lange nicht. Ich empfand mich selbst und das Leben einfach besser.

Nachdem ich angefangen hatte, diese Erklärungen zu hinterfragen, fing ich damit an, in Richtung Zukunft zu blicken. Die Zukunft war nicht so vorbestimmt wie ich gedacht hatte. Zum Teufel, wenn ich das veränderte, wo ich jetzt war, würde ich das verändern, wohin ich in der Zukunft gehen werde. Der Grund dafür, warum ich dachte, daß es mich zuviel kosten würde, um es zu verändern, war der, daß mir der Preis von Leuten genannt worden ist, die wollten, daß ich dort bleibe, wo sie mich haben wollten. Dies hatte nichts mit dem zu tun, wo ich selbst sein wollte. Bevor ich jedoch nicht anfing, es mir durch den Kopf gehen zu lassen, hatte ich keine Vorstellung davon, wie groß, abwechslungsreich und aufregend die Welt ist. Es ist da draußen nicht das, was Du glaubst, daß es ist. Du wirst nicht sterben, wenn Du es zum Besseren änderst. Auch wirst Du nicht für immer allein gelassen werden.

Es war dort, wo ich etwas entdeckte, das mich vor Lachen brüllen ließ. Du möchtest die absolut beste Methode kennenlernen, um diese Bastarde, die Dein Leben durcheinandergebracht haben, hinter Dir zu lassen? Heil Dich selbst. Indem Du dies tust, kommst Du an einen Punkt, an dem sie Dich nicht mehr berühren können. Selbst die schlimmsten von ihnen können dasitzen und Gift versprühen, aber das macht nichts, weil Du aus ihrer Reichweite herausgewachsen bist. Du bist eine größere Person als sie es sind. Wenn Du Dich selbst heilst, können sie Dir nichts anhaben. Ein gesundes, glückliches Leben zu leben wird sie besser an ihrem eigenen Gift ersticken lassen als irgend etwas anderes, was Du tun könntest.

Zu was dies alles führt, ist die Fähigkeit, Verärgerungen abzulassen. Mein Temperament regierte mich nicht mehr länger. Zum Teufel, ich war nicht mehr gefangen. Wenn irgend jemand ein Arschloch war, konnte ich darüber lachen. Mann, solange er sich nicht bereit machte, eine Bewegung auszuführen, war es *sein* Problem. Wenn er mit einer Technik anfing, war ich da und wartete auf ihn. Wenn mich etwas ankotzte, konnte ich damit leben – es war nicht für ewig. Sicher, er war ein Pisser, aber in zehn Minuten würde ich weniger sauer sein und in zwanzig Minuten würde ich es vergessen haben. Dies alles fügte sich bei mir gewissermaßen so zusammen, daß ich in der Lage war, ruhiger zu werden. Ich fing an, mein Leben auf die Weise zu leben, wie ich es wollte und nicht auf die Weise, wie irgend jemand anderes wollte, daß ich es tue. Dies bedeutete immer weniger und weniger Kämpfe. Verdammt, heutzutage bin ich fett und klopfe freche Sprüche.

Der Hauptpunkt hierbei ist, daß Du einfach verstehen mußt, daß *DEIN EIGENES TEMPERAMENT DEIN SCHLIMMSTER FEIND IST, WENN ES UM WAFFEN GEHT!* Ich habe Dir gerade eben erklärt, woher ich dies weiß. Es ist wichtig für Dich, dies *wirklich* zu wissen und es nicht bloß in Deinem Kopf, sondern in Deinen Knochen zu haben. *Wenn es zu einem Waffenkampf kommt, kannst Du es Dir nicht leisten, Deine Ruhe zu verlieren.* Wenn Du es doch tust, wirst Du Dir entweder mehr auftischen als Du essen kannst und ernsthaft verletzt werden, oder Du läßt jemand ins Gras beißen und wirst erwischt. Du möchtest weder, daß das eine noch das andere passiert.

Deshalb mußt Du einen klaren Kopf behalten, wann immer Du über den Einsatz von Waffen nachdenkst. Es ist kein Spiel und es ist auch nicht etwas, das auf irgend etwas anderes keinen Einfluß nehmen wird. Haltet eure Augen und den Verstand offen, Leute, denn es ist ernst. Du kannst ziemlich gut durchkommen, wenn Du gewillt bist zu akzeptieren, daß es mehr in diesem Film namens Leben gibt als das, wovon die Leute im Allgemeinen sprechen. Die meisten Leute, die nicht darüber sprechen wollen, verwenden es irgendwie gegen Dich, so daß es völlig okay ist, wirklich mißtrauisch gegen irgend jemand zu sein, der Dir erzählt, daß irgend etwas der bestimmte Weg ist oder nicht ist. Lerne, in die Schatten zu sehen. Sie können Deine Freunde sein. Viele Schatten verbergen sich unter dem Namen des Lichts, so wie sich auch Licht in der Dunkelheit verbirgt.

Zieh aber nicht in die Schatten des Lebens um. Das wirkliche Leben besteht sowohl aus Licht als auch aus Dunkelheit. Wenn Du die Schatten anderer Leute Dein Leben regieren läßt, wirst Du niemals lebendig aus diesem Leben herauskommen.

Also haltet euren Verstand und eure Herzen offen, Leute, und versucht, euer Leben so zu leben, daß ihr niemals den Inhalt dieses Buches anzuwenden brauchst. Zum Teufel, ich meine, Sex macht auf jeden Fall viel mehr Spaß als zu kämpfen – laß Dich statt dessen lieber flach legen!

ÜBER DEN AUTOR

Marc „Animal“ MacYoung ist eines dieser Individuen, die man am besten unter dem Begriff „bizarr“ zusammenfassen kann. Das ist keine Beleidigung, es ist nur, weil das Wort „auserwählt“ nicht genug Raum umfaßt, um ihn zu beschreiben. Er ist eine wandelnde Mischung aus Philosoph, Kampfkünstler, Biker, Intellektueller, Bauerntrampel, Gelegenheitsarbeiter, Rowdy, Mystiker, Wolf und einem total Durchgeknallten. Seine Persönlichkeit besteht aus unterschiedlichen Tiefen und Niveaus, und seine Interessen umfassen einen weiten Bereich. Als ein selbsterklärtes „Arschloch, als ich jung war“, kam er zu seinem Wissen, sowohl durch tatsächliche harte Erfahrung als auch durch formales Training.

Die tatsächliche Anzahl an Kämpfen und Frauen, die Animal gewonnen hat, ist in den Nebeln der Zeit verlorengegangen. Dies kommt daher, daß er vor über zehn Jahren damit aufgehört hat, „eine Strichliste zu führen“. Wenn er jedoch ausgequetscht wird, gibt er zu, mehr Frauen als Kämpfe gewonnen zu haben, und es hat mehr als dreißig Kämpfe gegeben (Mit Sicherheit geht es danach in verschwommeneren Begriffsbestimmungen weiter.).

Zur Zeit lebt er in der Gegend von L.A. zusammen mit seiner Freundin Tracy, zwei Katzen und einer wechselnden Anzahl von Mitbewohnern. Dies wird unterbrochen durch räuberische Einfälle in den Rest des Landes, wenn ihm danach ist (oder er nicht gerade mal wieder pleite ist).

ANMERKUNGEN ZUR DEUTSCHEN AUSGABE

Für die deutschsprachige Ausgabe dieses Buches wurde die amerikanische Originalausgabe so wortgetreu wie möglich übernommen. Deshalb wurden auch die Ansichten und Aussagen des Autors so übernommen, wie er sie verfaßt hat. Hiermit wollen wir klarstellen, daß diese klaren und deutlichen Aussagen, die die persönlichen Auffassungen des in den USA lebenden und den dortigen Gesetzen unterworfenen Autors wiedergeben, auf keinen Fall weder als Gewaltverherrlichungen noch als Anleitungen bzw. Aufforderungen zur Durchführung von Straftaten mißverstanden werden sollen! Verleger und Übersetzer sind deshalb der Meinung, daß es unbedingt notwendig ist, die Leserinnen und Leser auf die strafrechtlichen Folgen hierbei hinzuweisen, die körperliche Auseinandersetzungen nach sich ziehen können und werden. Es folgen hierzu die wichtigsten Paragraphen aus dem deutschen Strafgesetzbuch (StGB), die im eigenen Interesse auf jeden Fall durchgelesen werden sollten:

§ 32 StGB – Notwehr
(1)Wer eine Tat begeht, die durch Notwehr geboten ist, handelt nicht rechtswidrig.
(2)Notwehr ist die Verteidigung, die erforderlich ist, um einen gegenwärtigen, rechtswidrigen Angriff von sich oder einem anderen abzuwenden.

§ 33 StGB – Überschreitung der Notwehr
Überschreitet der Täter die Grenzen der Notwehr aus Verwirrung, Furcht oder Schrecken, so wird er nicht bestraft. Überkommt den Verteidiger jedoch eine große Wut über den Angriff und überschreitet er dann die Grenzen der Notwehr, dann ist dies nicht entschuldigt (Gleiches gilt auch für Rache etc.).

§ 223 StGB – Körperverletzung
(1)Wer einen anderen körperlich mißhandelt oder an der Gesundheit beschädigt, wird mit Freiheitsstrafe bis zu fünf Jahren oder mit Geldstrafe bestraft.
(2)Ist die Handlung gegen Verwandte aufsteigender Linie begangen, so ist auf Freiheitsstrafe bis zu fünf Jahren oder auf Geldstrafe zu erkennen.

§ 223a StGB – Gefährliche Körperverletzung
(1)Ist die Körperverletzung mittels einer Waffe, insbesondere eines Messers oder eines anderen gefährlichen Werkzeugs, oder mittels eines hinterlistigen Überfalls oder von mehreren gemeinschaftlich oder mittels einer das Leben gefährdenden Behandlung begangen, so ist die Strafe Freiheitsstrafe von drei Monaten bis zu fünf Jahren.
(2)Der Versuch ist strafbar.

§ 224 StGB – Schwere Körperverletzung
(1)Hat die Körperverletzung zur Folge, daß der Verletzte ein wichtiges Glied des Körpers, das Sehvermögen auf einem oder beiden Augen, das Gehör, die Sprache oder die Zeugungsfähigkeit verliert oder in erheblicher Weise dauerhaft entstellt wird oder in Siechtum, Lähmung oder Geisteskrankheit verfällt, so ist auf Freiheitsstrafe von einem Jahr bis zu fünf Jahren zu erkennen.
(2)In minder schweren Fällen ist die Strafe Freiheitsstrafe von drei Monaten bis zu fünf Jahren.

§ 225 StGB – Beabsichtigte schwere Körperverletzung
(1)War eine der vorbezeichneten Folgen beabsichtigt und eingetreten, so ist auf Freiheitsstrafe von zwei bis zu zehn Jahren zu erkennen.
(2)In minder schweren Fällen ist die Strafe Freiheitsstrafe von sechs Monaten bis zu fünf Jahren.

§ 226 StGB – Körperverletzung mit Todesfolge
(1)Ist durch die Körperverletzung der Tod des Verletzten verursacht worden, so ist auf Freiheitsstrafe nicht unter drei Jahren zuerkennen.
(2)In minder schweren Fällen ist die Strafe Freiheitsstrafe von drei Monaten bis zu fünf Jahren.

§ 226a StGB – Einwilligung des Verletzten
Wer eine Körperverletzung mit Einwilligung des Verletzten vornimmt, handelt nur dann rechtswidrig, wenn die Tat trotz der Einwilligung gegen die guten Sitten verstößt.

§ 227 StGB – Beteiligung an einer Schlägerei
Ist durch eine Schlägerei oder durch einen von mehreren gemachten Angriff der Tod eines Menschen oder eine schwere Körperverletzung (§ 224) verursacht worden, so ist jeder, welcher sich an der Schlägerei oder dem Angriff beteiligt hat, schon wegen der Beteiligung mit Freiheitsstrafe bis zu drei Jahren oder mit Geldstrafe zu bestrafen, falls er nicht ohne sein Verschulden hineingezogen worden ist.

§ 230 StGB – Fahrlässige Körperverletzung
Wer durch Fahrlässigkeit die Körperverletzung eines anderen verursacht, wird mit Freiheitsstrafe bis zu drei Jahren oder mit Geldstrafe bestraft.

§ 232 StGB – Strafantrag
(1)Die vorsätzliche Körperverletzung nach § 223 und die fahrlässige Körperverletzung nach § 230 werden nur auf Antrag verfolgt, es sei denn, daß die Strafverfolgungsbehörde wegen des besonderen öffentlichen Interesses an der Strafverfolgung ein Einschreiten von Amts wegen für geboten hält. Stirbt der Verletzte, so geht bei vorsätzlicher Körperverletzung das Antragsrecht nach § 77 Abs. 2 auf die Angehörigen über.
(2)Ist die Tat gegen einen Amtsträger, einen für den öffentlichen Dienst besonders Verpflichteten oder einen Soldaten der Bundeswehr während der Ausübung seines Dienstes oder in Beziehung auf seinen Dienst begangen, so wird sie auch auf Antrag des Dienstvorgesetzten verfolgt. Dasselbe gilt für Träger von Ämtern der Kirchen und anderen Religionsgesellschaften des öffentlichen Rechts.

§ 233 StGB – Wechselseitig begangene Straftaten
Wenn Körperverletzungen nach § 223 mit solchen, Beleidigungen mit Körperverletzungen nach § 223 oder letztere mit ersteren auf der Stelle erwidert werden, so kann das Gericht für beide Angeschuldigte oder für einen derselben die Strafe nach seinem Ermessen mildern (§ 49 Abs. 2) oder von Strafe absehen. Satz 1 gilt entsprechend bei fahrlässigen Körperverletzungen nach § 230, soweit nicht eine der in § 224 bezeichneten Folgen verursacht ist.

Weitere Bücher des Autors

Bücher über Selbstverteidigung und Straßenkampf

Erkennst Du Dich in diesem Text wieder?

Bist Du eine Frau, die Angst davor hat, überfallen und vergewaltigt zu werden? Ein Geschäftsmann, der Angst davor hat, ausgeraubt zu werden? Ein Jugendlicher, der in seiner Schule oder Nachbarschaft mit einer Gang Ärger hat? Bist Du tätig in privaten Sicherheitsdiensten, im Strafvollzug, bei Polizei, Bundesgrenzschutz oder Bundeswehr? Trainierst Du eine klassische Kampfkunst und möchtest mehr über realistische, moderne Selbstverteidigung erlernen? Pflegst Du einen etwas „außergewöhnlichen" Lebensstil und begibst Dich regelmäßig in gefährliche Situationen hinein? Oder bist Du einfach jemand, der wissen möchte, wie er seine Familie, seine Freunde und sich selbst in einem Notfall verteidigen kann? Und am wichtigsten von allem: Möchtest Du lernen, wie Du körperliche Auseinandersetzungen von vornherein vermeiden kannst?

Marc „Animal" MacYoung's Bücher, mittlerweile als überarbeitete Neuauflage erschienen, befassen sich mit realistischer, praxisbezogener und einfach anwendbarer Selbstverteidigung, Straßenkampf und Konfliktvermeidung, nicht mit phantasievollen Kampfkunstformen ohne Bezug zum wirklichen Kämpfen!

Folgende Titel haben wir zur Zeit im Angebot (weitere Bücher, Videos und andere Artikel werden demnächst auf unserer Website zu finden sein):

BILLIGE TRICKS, HINTERHALTE UND ANDERE LEKTIONEN

Ein grundlegendes Handbuch über die Selbstverteidigung und das Überleben

Neuauflage

Kratzer, Auseinandersetzungen, Kämpfe, Blut, Schmutz, Hinterlisten, Kugeln und Bier.

Straßenkampf und Überleben ist ein schmutziges Thema, und dieses Buch wirft einen gründlichen Blick auf all die oberen Punkte und noch viele, viele mehr.

Marc „Animal" MacYoung ist ein Überlebender von zahllosen Straßenkämpfen, Kneipenschlägereien, Prügeleien, Bedrohungen und verschiedenen anderen unheimlichen Begegnungen der körperlichen Art. In einem wunderbar bissigen, aber ausgelassenen Stil führt Dich Animal durch die vielen Aspekte des Kämpfens, der inneren Einstellung und der Aufmerksamkeit, die Dich in dieser oft gemeinen und unvorhersehbaren Welt überleben lassen werden.

Dies ist nicht die Art von Stoff, den Du in vielen Dojos lernst. Weißt Du, woran Du erkennst, daß man Dir eine Falle stellt? Wenn jemand vorhat, Dich überraschend angreifen? Wenn ein harter Möchtegern-Typ Dir böse Blicke zuwirft? All das wird hier beschrieben (und wie man mit diesen Situationen fertig wird), genauso wie Ratschläge zu miesen Typen, Einschüchterern, Schlag- und Trittechniken, Freunden, Straßenraub, Kampfkunst contra Straßenkampf, Waffen und hunderte anderer Tips, Tricks und Kriegsgeschichten.

Wenn Du die Selbstverteidigung erlernen möchtest, dann lerne sie von einem, der dies alles durchgemacht hat und nicht von irgendeinem theoretisierenden Schwätzer, der seit seiner Schulzeit, wo ihm vom Schulgroßmaul sein Kopf in der Turnhalle gegen das Klettergerüst geschlagen worden ist, in keinem einzigen echten Kampf mehr gewesen ist. Dieses Buch ist die Realität!

Aus dem Inhalt:
- Über den Autor
- Vorwort
- Danksagung
- Einleitung
- Die Grundlage
- Kampfdistanz
- Beweglichkeit
- Gleichgewicht
- Blöcke
- Konter
- Angriffe
- Schläge
- Tritte
- Erdung
- Geradlinige und kreisförmige Formen
- Hart und Weich
- Unbeweglichmachen u.ä.
- Strategie
- Zorn, Einschüchterer und Berserker
- Überraschungsangriffe, Tiefschläge und Tricks
- Miese Typen
- Prügeleien contra Kämpfe auf Leben und Tod
- Alpha und Beta
- Fehler
- Schläge wegstecken
- Freunde und andere Ärgernisse
- Auf's Blech hauen
- Hauptsächlich für Frauen (aber es würde Männern auch nicht Schaden,dies zu wissen)
- Waffen
- Kampfkunst contra Straßenkampf
- Lehrer
- Verschiedene Taktiken, Tricks und anderes wissenswertes Zeug
- Nachwort
- Empfohlene Lektüre
- Anmerkungen zur deutschen Ausgabe
- Weitere Bücher des Autors

Billige Tricks, Hinterhalte und andere Lektionen
- von Marc „Animal" MacYoung
- Format 27 x 19 cm
- 172 Seiten
- 50 Abbildungen
- Preis DM 39,90 / Euro 19,95
- ISBN 3-933253-06-3

MESSER, MESSERKÄMPFE & ÄHNLICHE ZWISCHENFÄLLE

Wie man einen WIRKLICHEN Messerkampf überlebt

Neuauflage

Dich selbst mitten in einem Messerkampf wiederzufinden, ist nicht der richtige Zeitpunkt, um festzustellen, daß Du nicht weißt, was Du zu tun hast. Den nutzlosen Müll, den Du im Kino gesehen oder im Dojo gelernt hast, kannst Du vergessen. Wenn Du es nicht tust, wirst Du wahrscheinlich im Leichenschauhaus enden.

Laß Dir von Marc „Animal“ MacYoung zeigen, wie die grundlegende Wirklichkeit von Messern und Messerkämpfen aussieht. Wie vermeidest Du einen Messerkampf? Wie gehst Du mit jemandem um, der sein Messer gezogen hat, ohne Dein eigenes Messer zu ziehen? Wie gehst Du mit Zeugen um? Wann eskaliert ein Messerkampf zu einem totalen Kampf auf Leben und Tod? Animal deckt alle diese Themen im Detail ab, genauso wie: das Auswählen eines guten Kampfmessers; die besten (und schlechtesten) Griffhaltungen, Ziehmöglichkeiten und Kampfstellungen; der Umgang mit der Polizei; unredliche Straßentricks, die Leute einsetzen werden, um Dir ein Messer in Deine Nieren zu stechen; und vieles, vieles mehr.

Messerkämpfe sind nichts für überhebliche und ignorante Leute – sie werden sehr schnell ausgemerzt. Du mußt Dich auf Deinen Verstand, Deine Beweglichkeit, Deine Schnelligkeit und Dein Wissen verlassen, um eine sehr gefährliche Situation zu überleben. Dieses Buch wird Dir zeigen, wie ernst und kompliziert ein Messerkampf sein kann und wird Dich mit den notwendigen körperlichen und geistigen Fertigkeiten versorgen, um als Sieger hervorzugehen.

Aus dem Inhalt:

- Messer und ähnliche Zwischenfälle
- Grundsätzliches
- Mentale Hausaufgaben
- Beweglichkeit und Gleichgewicht
- Deckung
- Griff, Gewicht und Schwerpunkt
- Stellung
- Schnellziehen
- Ziehmöglichkeiten
- Messerkämpfe
- Kampf auf Leben und Tod
- Nachwort
- Über den Autor
- Anmerkungen zur deutschen Ausgabe
- Weitere Bücher des Autors

Messer, Messerkämpfe & ähnliche Zwischenfälle
- von Marc „Animal" MacYoung
- Format 27 x 19 cm
- 88 Seiten
- 62 Abbildungen
- Preis DM 31,90 / Euro 15,95
- ISBN 3-933253-07-1

FÄUSTE, GRIPS UND EINE KNACKIGE RECHTE

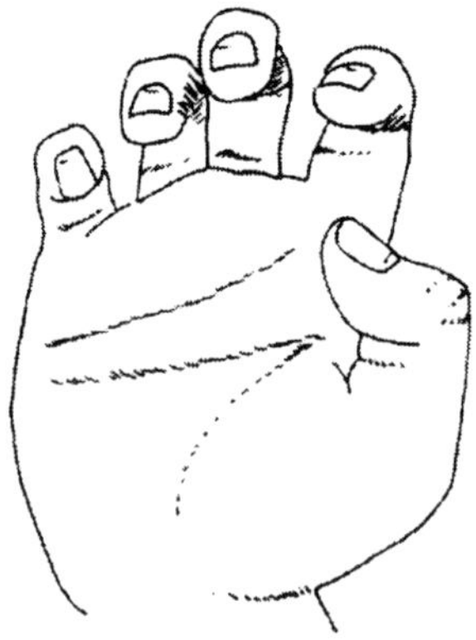

Wie man auf der wilden Seite der Straße überlebt

Neuauflage

In seinem ersten Buch *–Billige Tricks, Hinterhalte und andere Lektionen* – betonte Marc „Animal" MacYoung einen Hauptpunkt: *Es gibt keine Garantien in einem Kampf!* In dieser Ergänzung zu *Billige Tricks* fügt er ein weiteres wichtiges Stück an Information hinzu: *Es ist Deine Aufmerksamkeit, oder besser gesagt der Grips, und die Fäuste, die Dich da draußen unversehrt sein lassen und nicht irgendeine phantasievolle, asiatische Kampfform.*

„Hieechi Ebooboo Magischesdingsbums" mag sich phantastisch anhören, aber wenn Du hinter all das lyrische Kauderwelsch blickst, läuft alles auf einen flinken Tritt in die Nüsse hinaus. Das ist in jeder Sprache das gleiche. Sicher, es gibt Kampfkunstathleten, die einen verheerend schnellen Schlag ausführen können, sogar sechs oder sieben davon. Aber wenn sie nicht an Schlüsselstellen landen, wird schon ein einziger, wohlplazierter Überraschungsschlag von einem kenntnisreichen Straßenkämpfer mehr Schaden anrichten.

Die Physik eines guten Schlages ist wichtig, aber die andere Hälfte des Wissens darüber, wie man schlägt, ist, *wohin* man schlägt. Das ist es, worauf Animal sich in diesem Buch konzentriert: Die feinen Punkte und brutalen technischen Eigentümlichkeiten von Angriffen und Zielen. Tatsache ist, daß der Weg, um einen Kampf zu gewinnen, nicht der ist, schneller zu treffen oder selbst härter, sondern dem anderen Typ ernsthaften Schaden eher zuzufügen, als er es bei Dir tun kann. Wenn Du andererseits erst einmal weißt, was weh tut, wirst Du wissen, wie Du bestimmte Bereiche mit ein bißchen mehr Elan schützt.

Dieses Buch enthält die wichtigen Informationen, über die niemand sonst spricht – dies ist der Stoff, der Dich am Leben erhalten und unversehrt sein läßt auf der wilden Seite der Straße, und nicht zu totem Fleisch werden läßt.

Aus dem Inhalt:

- Einleitung

- Angriffe

- Abgleitenlassen

- Die Birne

- Die Kehle und der Hals

- Der Körper

- Die Gliedmaßen

- Nachwort

- Anmerkungen zur deutschen Ausgabe

- Weitere Bücher des Autors

Fäuste, Grips und eine knackige Rechte
- von Marc „Animal" MacYoung
- Format 27 x 19 cm
- 92 Seiten
- 74 Abbildungen
- Preis DM 31,90 / Euro 15,95
- ISBN 3-933253-09-8

GEWALT, SCHNITZER UND GEBROCHENE KIEFER

Fortgeschrittene Aufmerksamkeitstechniken und Verhaltensregeln für die Straße

Neuauflage

Willkommen auf den Straßen, wo das Leben räuberisch ist und zivilisierte Grenzen nicht existieren, wo jeder Mann auf sich selbst gestellt ist und schon ein flüchtiges Anblicken Dich umbringen kann. Marc „Animal" MacYoung kennt die Straßen und die Gewalt, die ihre Gassen und dunklen Nischen bewohnt.

Gewalt, Schnitzer und gebrochene Kiefer: Fortgeschrittene Aufmerksamkeitstechniken und Verhaltensregeln für die Straße ist ein Selbstverteidigungsbuch von dem Autor der bekannten Bücher *Billige Tricks, Hinterhalte und andere Lektionen*; *Messer, Messerkämpfe und ähnliche Zwischenfälle*; *Billardstöcke, Bierflaschen und Baseballschläger* sowie *Fäuste, Grips und eine knackige Rechte.* Aber es ist ganz anders als jedes andere Selbstverteidigungsbuch, das Du jemals gelesen hast. Es wird Dir nicht sagen, wie Du irgend jemand schlägst, zermalmst, in Scheiben schneidest, zu Würfeln verarbeitest, zerschmetterst oder vermöbelst, und es wird Dir nicht zeigen, wie Du aus Kneipenrequisiten improvisierte Waffen gestaltest. Es wird Dir jedoch beibringen, wie Du *nicht* der ungebetene Gast eines körperlichen Angriffes wirst. Dieses Buch handelt davon, wie man Gewalt vermeidet – ohne ein Opfer zu werden oder in eine Statistik einzugehen.

„Falls ich zuschlagen muß, habe ich einen Fehler gemacht," sagt der Autor. „Der Schlüssel zum Überleben auf der Straße ist die Aufmerksamkeit, nicht das Schlagen und Einstampfen." Animal sammelte diese fortgeschrittenen Aufmerksamkeitstechniken in langen Jahren der persönlichen Erfahrung als Rausschmeißer, Security-Dienstleister, Leiter eines kombinierten US-Bundes- und Staatsgefängnises, Drogendealer und Straßenmensch. Er erlernte ebenfalls Tricks der Branche von anderen Profis, die täglich mit Gewalt zu tun haben, Die Techniken in diesem Buch werden Dir beibringen, wie Du eine Situation eher sicher regelst, abbrichst oder ihr den Strom abstellen kannst, anstatt Deinen Weg da herauskämpfen zu müssen.

Aus dem Inhalt:

- Vorwort
- Danksagung
- Einleitung
- Wie Operationssysteme funktionieren
- Kulturelle Operationssysteme
- Familien-/Gruppen-Operationssysteme
- Persönliche Operationssysteme
- Willkommen in der Boomtown
- Grundlagen der Verhaltensregeln
- Namen, Ruf und Titel
- Tätowierungen, Vernarben und Piercing
- Glücksspiel
- Heimplatz, Territorium und Viertel
- Magie, Religion und Juju
- Blickkontakt
- Frauen
- Unantastbare
- Techniken zum Aufbau der Aufmerksamkeit
- Nachwort
- Bücherverzeichnis
- Anmerkungen zur deutschen Ausgabe
- Weitere Bücher des Autors

Gewalt, Schnitzer und gebrochene Kiefer
- von Marc „Animal" MacYoung
- Format 27 x 19 cm
- 196 Seiten
- Preis DM 39,90 / Euro 19,95
- ISBN 3-933253-10-1

Diese Bücher können Sie direkt bei uns im Verlag bestellen. Unsere Bestellanschrift bzw. Faxnummer und E-mail für Ihre schriftlichen Bestellungen lauten:

Michael-Kahnert-Verlag
Im Waldfrieden 2
D-21244 Buchholz

Fax: (+49) 04181-37458
E-mail: kahnert@yahoo.com
Internet: http://www.angelfire.com/de/kahnert

Die Lieferung erfolgt per Nachnahme, gegen Scheckzahlung (Scheck der Bestellung beilegen) oder nach Überweisung des Gesamtbetrages auf unser Bankkonto (Sparkasse Harburg-Buxtehude, BLZ 207 500 00, Konto-Nr. 31 37 734; Einzahlungsbeleg der Bestellung beilegen).

Bei Vorauskasse übernehmen wir die gesamten Porto- und Verpackungskosten für Sie und liefern frei Haus! Bei Nachnahmelieferung berechnen wir DM 6,90 / Euro 3,50 als Porto- und Verpackungsanteil. Ab DM 100,– / Euro 50,– Bestellwert liefern wir porto- und verpackungsfrei. Sie brauchen bei Ihrer Bestellung keinen Mindestbestellwert einzuhalten!

Wir bitten bei Auslandsbestellungen um Verständnis dafür, daß wir nur gegen Vorauskasse, Verrechnungsscheck oder am schnellsten und günstigsten per internationaler Postanweisung liefern können. Bitte fragen Sie vorher an, wie hoch der Portoanteil für Ihr Land ist.

Viel Spaß und Erfolg beim Training !!!